배려 문화의 원류 **인효경**(仁孝敬)

국립중앙도서관 출판시도서목록(CIP)

배려 문화의 원류, 인효경(仁孝敬) / 지은이: 이명수. --
서울 : 다른생각, 2013
    p. ;   cm. -- (다른생각 인문교양 ; 1)

ISBN 978-89-92486-17-0 03150 : ₩12000

유학 사상[儒學思想]
배려[配慮]

152.21-KDC5
181.112-DDC21   CIP2013015315

배려 문화의 원류, 인효경(仁孝敬)

초판 1쇄 인쇄   2013년 8월 20일
초판 1쇄 발행   2013년 8월 25일

지은이   이명수
펴낸이   이재연

펴낸 곳   다른생각
주소   서울 종로구 창덕궁 3길 3 302호
전화   02) 3471-5622
팩스   02) 395-8327
이메일   darunbooks@naver.com
등록   제 300-2002-252호(2002. 11. 1)
ISBN   978-89-92486-17-0 03150
값 12,000원

배려 문화의 원류 **인효경** 仁孝敬

공자가 꿈꾼 하나 되는 세상 만들기

이명수 지음

다른생각

무거운 짐을 서로 나누어 지면 좋다. 힘이 센 사람이 좀 더 많이 지면 더욱 좋다. 만약 누군가가 능력이 있는 사람이라면 그렇지 않은 사람을 위해 어려운 일을 마다하지 않는 사회란 상상만 해도 뿌듯하다. 자기 자신을 생각하기보다는 남을 먼저 생각하고, 병들고 힘없고 외로운 사람을 위해주는 즐겁고 행복한 세상, 이 같은 가치의 원천을 공자는 인(仁)에 두었다. 그리고 인을 실천하는 뿌리를 효제(孝弟)로 여겼다. 늙어서 힘이 없는 부모님을 업어주고, 형에게 공손한 모습으로 더불어 살아가는 배려 행위를 '인'의 내용으로 삼았다. 그리하여 온 세상 사람들이 오순도순 살아갈 것을 기대하였다.

『논어』에서는 "효제는 인(仁)을 실천하는 근본이다."라고 하였다. 인간이 인간답게 살기 위한 첫 단계가 효의 실천이라면, 그것이 바로 인을 실천하는 기초이다. 어버이를 받들어 자식의 도리를 다하는 것이 효라면, 이것을 확대하여 남을 배려하는 행위로 이어질 때, 인이 된다. 자신과 가장 가까운 인간관계를 맺고 있는 부모님과 형제에 대한 사랑을 좀 더 확대시키면, 그것이 사회적으로 인을 실천하는 길이 된다.

'인'은 쉽게 말하면 '사랑'이다. 애착을 갖고 남을 대접하는 것이다. 또 어떻게 대우할 것인가? 그것 또한 매우 중요하다. '경(敬)'으로 하는 것이다. '공경'이라 해도 틀리지 않다. '공(恭)'은 나의 낮은 자세이고, '경'은 남을 우러러보는 것이다. 나의 공손한 자세로 남을 존중하는 것이니 얼마나 좋은가?

공자는 '질적 효도'를 권장했다. 그것은 물질적으로 봉양하는 효에다 다시 공경의 마음을 담는 것이다. 존경과 공손의 마음가짐을 실어 부모님을 모시는 효도가 아니면 참된 것일 수 없다. 그래서 공자는 "효도하고 우애하여 그것을 정사(政事)에 적용시키는 것이 정치"[『논어(論語)』「위정(爲政)」]라고 하였다. 가족애를 사회적으로 확대하면 훌륭한 정치로 이어질 수 있다고 본 것이다.

인간에게 가장 중요한 것은 자신에 대한 사랑이다. 역사의 주체인 '나'는 세상 속에 있다. 수많은 사람들에게 둘러싸여 있다. 사회를 이루고 산다. 여기에서 내가 할 일이 무엇인가를 생각하지 않으면 안 된다. 서로 마주하고, 맞이하고, 관계를 이루지 않으면, 그 결과는 싸움이다. 이 같은 원활한 인간관계를 설명하기 위하여 공자는 '인'이 갖는 '소통성'을 활용하였다. 이 소통성을 가족에서 가장 먼저 찾았고, 이웃과 세상 속으로 적용의 폭을 넓혀서, 궁극적으로 너도 나도 서로 사람다움의 덕을 실천하는 살기 좋은 세상을 꿈꾸었다. 일단 정신적으로나 도덕적으로 건강한 '나'를 확보하고, '나'는 '부모형제'에까지 마음 쓰기를 확대하며, 그것을 또한 친지에 대한 사랑으로 연결시키고, 나아가 마을 사람에, 나라에, 그리고 온 천하에 사랑의 실천을 멈추지 말 것을 권장한 것이 바로 유학(儒學)이다.

그 같은 '인'의 도(道)를 실천하는 일에는 '타자를 우러러볼 줄 아는 지혜'가 수반된다. 부모형제를 존경과 공손으로 모시듯이, 우리가 하는 일도 역시 존경하고 공손한 태도로 성취하지 않으면 안 된다. 부모형제뿐만 아니라, 사람이나 사물 그리고 우리가 착수하는 모든 일에 대해서도 '조심조심' 우러러보는 태도와 정성을 견지하지 않으면 안 된다는 것이 바로 유학의 인문주의요 인도주의다.

살아가면서 피할 수 없는 수많은 '일'들에 대하여, 매우 신중하게 관찰하고, 또 거기에 가해져야 할 우리의 태도 또한 중요하게 여겨야 한다. 『논어』에는 '경사이신(敬事而信 : 일을 삼가고 미덥게 함)'과 '사사경(事思敬 : 일에는 삼갈 것을 생각함)'이라는 말이 있거니와, 우리가 처리하지 않으면 안 되는 무수한 사안들, 즉 '물사(物事)'에 대하여 고민하지 않으면 안 된다. 살아가면서 만나는 사람도 '물(物)'이요, '남'·'상대'·'대상'도 물이요 사(事)이다. 우리가 살아가면서 만나는 상대·현안·일·사업 등과 같은 '일상사'에서 '경(敬)'이나 '성(誠)'으로 임하는 것은 참으로 중요한 우리의 마음 상태인데, 이것은 바로 우리의 성공을 좌우한다. '효'도 인간이 만나는 중대한 사안으로, 매우 중요하게 고려되지 않으면 안 된다는 의미에서 이 책은 집필되었다.

끝으로 이 책이 나오기까지 도움을 주신 모든 분들에게 감사드린다.

2013년 여름 이명수

배려 문화의 원류 **인효경(仁孝敬)** _차례

제1장

좋은 세상을 위한 꿈, 배려

1. 배려하고 배려 받는 세상

　사람들은 '남'에게 '나'를 주장한다. 그러면서 때로는 남의 권리를 무시하고 남에게 돌아갈 이익을 나의 것으로 돌리기도 한다. 그런데 그 결과는 싸움이다. 남도 나처럼 갖고 싶은 것이 있고, 먹고 싶은 것이 있다. 어떻게 알 수 있을까? 금세 알 수 있다. 우리의 마음을 미루어보면 아는 것이다. 누구나 다 가지고 있는 보편적인 마음이 있기 때문이다.

　나 이외에 남이 보이지 않고, 남을 무시하는 세상은 좋은 세상이 아니다. 그렇게 될 때, 남도 또한 나를 우습게 여기기 때문에 세상은 참으로 살기 싫은 곳이 되어버린다. 옛날에 공자는 이 같은 세상에 대해 매우 심각하게 고민하였다. 그래서 '나'와 '남'의 관계에 대해 생각했다. 그것은 단적으로 '수기이경(修己以敬)'으로 표현된다. 먼저 '나'를 수양하여 '남'을 맞을 준비를 하는 것이다. 그런 다음에 남을 편안하게 해주는 것이다. 우리가 사람을 만나보면, 어떤 사람은 불편하고 어떤 사람은 편안하다. 우리가 만나서 불편한 사람은 그 사람이 우리가 있음을 의식하지 않기 때문이고, 반면 편안한 사람은 우리를 의식하고 품어주기 때문일 것이다. 입장을 바꾸어 우리가 남을 편안하게 하거나 불편하게 할 때도 역시 마찬가지이다.

항상 '나'와 '남'을 염두에 두고, 스스로 남에 대한 배려를 실천하였는가를 반성해볼 것을 권장한 사람이 바로 공자였다. 그런데 그 배려는 사람뿐만 아니라 사람이 만나는 모든 일에서 실천되어야 한다.

우리는 자기 자신을 수양하고, 남을 편안하게 해주는 일에 착수해야 한다. 이것은 역시 정치·교육·사회 등 전 분야에 걸쳐 우리가 하는 일마다 적용되지 않으면 안 된다. 이러한 공동체 윤리 가운데 하나가 바로 '혈구지도(絜矩之道)'이다. 혈(絜)은 '재다'라는 뜻이고, 구(矩)는 '척도(尺度)'라는 뜻이다. 즉 혈구는 '척도로써 재다'라는 의미이다. 혈구지도란 자로 물건을 재듯이, 내 마음을 기준으로 삼아 다른 사람의 마음을 헤아리는 인간다움의 길이다. 내 처지를 생각해서 다른 사람의 처지를 이해하는 것이다. 나의 도덕적 양심(良心)으로 남을 이해하는 것이다. 『대학』에서는 '혈구지도'를 이렇게 말하고 있다.

윗사람이 내게 해서 싫은 것을 내가 아랫사람에게 하지 말고,

아랫사람이 내게 해서 싫은 것을 내가 윗사람에게 하지 말며,

앞사람이 내게 해서 싫은 것을 내가 뒷사람에게 하지 말고,

뒷사람이 내게 해서 싫은 것을 내가 앞사람에게 하지 말며,

오른쪽 사람이 내게 해서 싫은 것을 내가 왼쪽 사람에게 하지 말고,

왼쪽 사람이 내게 해서 싫은 것을 내가 오른쪽 사람에게 하지 말아야 한다.

오늘도 세상에는 나 말고 수많은 사람들이 모여 살고 있다. 그럼에도 불구하고 우리는 나 말고 남은 자신의 안중에 두지 않는다. 다시 말하면 '혈구지도'의 길을 가지 않는다.

인간은 사회적 동물이고, 사회에 존재할 때에는 상하(上下)·전후(前後)·좌우(左右)의 관계 속에서 존재하기 마련이다. 사람이 상하·전후·좌우의 사람들에게 자기의 마음을 미루어 올바른 행위를 할 때, 즉 '서(恕)'를 행할 때 그 사람의 주위는 질서가 밝아지게 마련이다. 그 상태가 지극히 선(善)하게 될 때, 그 밝은 관계는 넓게 퍼져 나가게 된다. 그 상하·전후·좌우의 사람들이 또한 모두 상하·전후·좌우의 관계를 가지므로, 이러한 관계는 무한히 확산되어 마침내 전체 인류가 크게 한 덩어리가 되는 경지에 이르게 된다. 그 한 덩어리의 인류

가 온통 밝은 질서로 조화(調和)될 때, 지상에 평화가 이룩되고, 인류는 완성될 수 있다. 유학은 인간이 되는 원리를 인(仁)에서 찾는다. 그 인을 애인(愛人)·충서(忠恕) 등의 말로 풀이하기도 한다. 여기에서의 '혈구지도'는 곧 인의 구현태(具現態)이다. 그런 의미에서 혈구지도는 곧 '충서'에서의 '서(恕)'와 같다. 내가 남에게 미칠 영향을 나의 마음속으로 가져 오는 것이다.

"내가 원하지 않는 것을 남에게 베풀지 마라."[『논어』「위령공」]

"내가 서고자 하면 남도 서게 해주고, 내가 이루고자 하면 남도 이루게 해주어야 한다."[『논어』「옹야」]

내가 만일 윗사람이 나를 함부로 대하는 것을 원하지 않거든, 반드시 이것으로써 아랫사람의 마음을 헤아려 나도 역시 감히 무례(無禮)하게 아랫사람을 부리지 말며, 아랫사람이 나에게 진실하지 않기를 바라지 않는다면, 반드시 나도 윗사람의 마음을 헤아려서 나도 역시 진실하지 않음으로써 윗사람을 섬기는 체하지 말아야 한다. 앞과 뒤, 왼쪽과 오른쪽에 이르러서도 모두 그렇게 하지 않으면 안 된다. 그렇게 하면 내 몸이 위와 아래 그리고 온 세상 어디를 가도, 길고 짧음과 넓고 좁음이 서로 자로 잰 듯하여 올바르지 않음이 없다.

여기에서 윗사람의 모범이 중요하다. 세상을 태평하게 하는 일이란, 위에서 늙은이를 늙은이로 보살펴야 백성들이 본받아 효도하는 풍습을 일으키며, 위에서 어른을 어른으로 잘 보살펴야 백성들이 공손한 태도를 일으키며, 위에서 고아를 잘 구휼해야 백성들이 배반하지 않는다.

이 때문에 군자에게는 자로 재듯이 남을 헤아리는 도리인 '혈구지도'가 있다. 내 마음을 가지고 남을 걱정해주고 살피는 것이다. '자[矩]'는 도구이자 법칙성이다. 내 마음에는 온갖 법칙이 담겨 있다. 남이 무엇을 원하고 바라는지 내 마음을 미루어보면 알 수 있다. 내 마음이 하기 싫은 것을 남도 싫어한다. 이런 원칙은 바로 원을 그리는 컴퍼스나 네모를 그리는 자와 같다. 원칙은 모범이다. 내가 모범을 보일 때 남도 반드시 아주 빠르게 따라 한다.

이렇듯 윗사람이 모범을 보이면 아랫사람이 본받게 되어 있다. 사물의 그림자나 저 산에 울려 퍼지는 메아리보다 더 빠르게 따라 한다. 모범적인 군자가 반드시 마땅히 해야 할 것을 가지고 남을 헤아리면, 윗사람과 아랫사람 사이와 온 세상 사람들이 자로 재어 네모 반듯한 것처럼 되어, 온 세상이 태평해질 것이다.

2. 제 할 일 하기, 이름에 맞는 직분 지키기

사람이나 물건 가운데에는 겉과 속이 다른 경우가 있다. 우리는 이것을 '가짜'라고 한다. 공자가 살던 시대에도 오늘날과 마찬가지로 '가짜'가 많았던 것 같다. 공자는 '가짜'인 사람을 걱정하였다. 그런 사람이 지도자로 나서서 세상을 어지럽히고 있었기 때문이다.

사회의 구성원들이 각자 자신의 역할을 다하는 것은 매우 중요하다. 사회 직분으로서 '이름'과 '역할'이 일치할 때 세상이 평화로울 것이다.

"임금은 임금답고 신하는 신하다워야 하며, 아버지는 아버지다워야 하고 자식은 자식다워야 한다."[『논어』 「안연」]

이것은 유교의 '명분론(名分論)'에 관한 단적인 표현이다. 명분론에서 '명(名)'은 '명목' 곧 이름이고, '분(分)'은 '직분'이다. 이름과 직분이 일치할 것을 요구한다는 점에서 때로는 '명실론(名實論)'이라고도 한다. '명실'이란, 이름과 실질이 같을 것을 문제 삼은 것이다. 역시 '명'은 이름이고, '실'은 '실질'이다. 실질이란, 내용에 대한 현실적인 모습이다. 따라서 명분론이란, 사람이나 사물 또는 행위에서 명목과 본분이 같을 때 세상이 평화롭다는 생각에서 나온 것이라 할 수 있다.

명목과 본분을 일치시킴으로써 사회 질서를 제대로 확립하는 것이다. 명목이 학생이면 실질은 공부이다. 만약 의사라는 이름을 가졌다면, 그는 병을 치료하고 수술을 하여 병을 낫게 하는 사람이다.

이렇듯 그 이름에 걸맞게, 진리를 탐구하고 환자를 치료하는 일은 도덕적으로 매우 중요하다. 명분의 개념은 공자의 정명사상(正名思想)과 연결된다. 『논어』 「자로편」에서 공자는 정치를 하는 데 반드시

공자

'정명'으로 할 것을 강조하였다. 여기에서 '명'은 명분을 의미하며, 정명은 '명분을 바로잡는 일'이다. "명분이 바르지 않으면 말이 순서가 없게 되고, 말이 순서가 없으면 일이 실제로 이루어지지 않는다."라고 하였다. 명분을 올바르게 한다는 의미가 바로 "임금은 임금답고, 신하는 신하답고, 아비는 아비답고, 자식은 자식다워야 한다."[『논어』 「안연」] 라는 것이다.

우리의 가정에서도 아버지는 '아버지'라는 그 이름에 상응하는 인격을 가지고 아버지다워야 한다. 어머니도 역시 어머니라는 그 이름에 걸맞은 품위가 있어서 어머니답게 행동해야 한다. 젊은 자식도 또한 씩씩하고 정직하게 열심히 살아야 한다. 물론 나이든 어르신도 어르신이라는 이름에 상응하는 인격과 품위를 가지고서 어르신답게 행동해야 할 것이고, 젊은이는 젊은이답게 제 역할을 다해야 한다. 사회 구성원들 모두가 제 할 일을 다 하는 세상, 가짜나 '짝퉁'이 없는 세상, 그런 세상이 바로 유토피아일 것이다.

3. 인(仁)이 실현되는 사회

이처럼 남을 서로 배려하고, 자기의 할 일을 다 하는 사회가 '좋은 세상'이다. 이 같은 이념이 세상에 정착되었다는 소식이 아침에 들려온다면 바로 그날 저녁에 죽어도 좋다는 말이 "朝聞道, 夕死, 可矣(조문도, 석사, 가의)"이다. 그만큼 목숨을 바쳐 이루고자 했던 것이 공자가 말하는 '배려의 길'로서의 인(仁)이다. 그 길을 공자는 '군자'를 통해 이루고 싶어 했다. 군자란 다름 아닌 '제대로 된 지도자'이다. '인'이란 '인간이다' 또는 '인간답다'라는 뜻이다. 사람다운 지도자가 사람다움을 세상에 실현하는 것을 공자는 그렇게도 희망했었다.

공자는 인간을 신뢰하였다. 『논어』에는 인간에 대해 절망하는 듯한 구절도 있지만, "열 집이 살고 있는 자그마한 고을에도 나와 같이 충성스럽고 믿음직한 마음씨를 가진 사람이 반드시 있다."[『논어』「공야장」]라는 구절도 있어, 사람의 역량에 대해 신뢰하고 있었음을 알 수 있다.

공자가, 많은 미덕들 가운데 종래에는 그다지 중요시되지 않던 '인'이라는 덕을 가장 중심적인 것으로 부각시킨 것은 무슨 까닭이었을까? 그것은 당시의 시대정신, 특히 공자의 입장이 그와 같게 한 것이다.

그러다가 춘추시대에 들어서서 주나라 왕조가 쇠퇴함에 따라, 정치 체제가 약해짐과 동시에 사람의 지혜도 진보하여 개인의 정체성이 확립되어 나갔는데, 공자에 이르러 하나의 전기(轉機)가 이루어진다. 『논어』에는 이런 말이 있다.

"사람이 도를 넓히는 것이지, 도가 사람을 넓히는 것이 아니다."[『논어』「위령공」]

'도'란 길이다. 즉 이 세상의 모든 것들과 의존해서 살아가야 할 삶의 방법이다. '진리'라고 해도 좋다. 그런 길을 누가 찾을까? 인간이 주체적으로 나서야 한다. 이 글은 진리를 찾으려는 인간의 주체성을 매우 훌륭하게 표현하고 있다. 절대자 혹은 초월자, 곧 하늘로부터 독립하여 이 세상에 진리를 실천하려는 인간의 의지를 공자는 중요하게 여긴 것이다. 인간이 인간다운 세상을 만들기 위해 노력을 다해야 한다는 임무를 규정한 것이다.

또 한편으로 공자 아카데미의 제자들 가운데 제2인자였다고 할 수 있는 증자(曾子)는 "충서(忠恕)일 뿐이다."라고 해석했다. '충(忠)'은 나의 중심(中心), 즉 '마음속'이다. 곧 진심 또는 성실을 가리킨다. '서(恕)'는 나로부터 미루어 보아 남에게 확대하는 것이다. 이러한 뜻을 사자성어로 '추기급인(推己及人)'이라고 하는데, 나의 진심과 상대와의 만남을 가리킨다.

이런 점들이 공자의 '인'의 중심적인 개념을 풀이해주는데, 따라서 '인'이야말로 공자 사상의 근본이다. 그 주된 내용이 타자와의 관계에서 남을 적극적으로 배려하는 의미로 가득하게 된다.

인(仁)은 여러 가지 덕(德)들의 종합이다. 덕이라고 할 때, 우리는 인(仁 : 사랑)·의(義 : 정의)·예(禮 : 예의)·지(知 : 지혜)를 말한다. 우리의 마음에 숭고하게 자리 잡고 있다고 여겨지는, 인간의 선한 본성을 말한다. '인'은 어려운 사람에 대하여 불쌍하게 여기는 마음이고, 의는 정의이며, 예는 남에게 예의를 갖추는 것이며, 지는 옳고 그른 것에 대해 구분할 줄 아는 마음 상태이다. 이 가운데 '인'은 덕성들 가운데 가장 으뜸이며, '의'·'예'·'지'를 포함하는 종합적인 덕이다. 중국 전국시대에 맹자는 이 점에 주목하여 "인간의 본성은 선하다."라고 하였다.

우리 사회는 이미 문명이 다양화되고 복잡해지는 과정에 접어들었다. 그만큼 '나'와 '타자'의 충돌은 피할 수 없는 것이 되었다. 따라서 이 같은 문제를 해결하기 위한 기초적 이념도 필요해졌다. 마음이 담기고 존경과 공경의 뜻이 실린 효를 사회 속에서 인간관계의 이념으로 활용해볼 만하다. 그렇게 함으로써 시민의 도덕 수준을 또한 한층 고양시킬 수 있을 것이다. 우리가 '공경' 또는 '공손'이라 할 때의 '공(恭)'은 '共(공 : 더불다, 함께 하다)'과 '心(심 : 마음)'이 합쳐진 글자로, 그 뜻도 역시 하나로 합성된 글자이다. '공'이란 사적이지 않고 공적이라는 뜻이다. 즉 '공공'이라는 의미이다. 따라서 '공'이란 상대와 서로 더불어 살되, 마음에서 우러나오는 공적인 관계 맺음이다. 그런 점에서 시민으로 살아가기 위한 이념적 토대가 되고도 남는다.

얼핏 보기에 '공경'이라는 말은 구태의연한 것 같지만, 실제로는 인간관계에서 필연적으로 취해야 할 미덕이다. 우리의 목숨을 연명하는 것이 아무리 절실하더라도 그 방식이 구차하거나 마음에 내키지 않으면, 존재적 의미에 대해 회의하게 된다. 이러한 의미에서 거지처럼 빌어먹는 사람도 '나를 뭐로 보느냐'라고 반박할 수 있을 것이다. 인간이 기본적으로 가지고 있는 마음을 인정해주지 않으면, 아무리 거지일망정 대뜸 반발할 것이다.

4. 배려는 사랑이다

배려의 태도

뜻있는 선비는 '인'에 뜻이 있는 사람이고, 인한 사람은 인과 더불어 하나가 된 사람이니, 모두 마음을 쓰는 것이 인을 주로 삼는다. 살고 죽는 것으로 인해 마음이 동요되어 인을 해쳐서는 안 된다. 삶을 구하고자 하여 인을 해쳐서는 안 되고, 몸을 죽여서라도 인을 이루어야 한다. 공자는 이렇게 말했다.

> "뜻있는 선비와 인한 사람은 삶을 구하여 인을 해치지 않고, 몸을 죽여 인을 이루는 경우는 있다."[『논어』「위령공」]

사람은 사는 것을 욕심내지만, 사는 것보다 더 욕심을 내야 할 것이 있으니 그것은 곧 인이다. 죽음을 맞이하였을 때 그 인을 잃고 돌아보지 않는 사람은 뜻이 서지 못하고 인이 온전하지 못한 사람이다. 오직 뜻있는 선비와 인한 사람이어야만, 그 마음에 '인'이 있기 때문에 이해(利害) 관계 때문에 마음을 빼앗기지 않는다. 마땅히 죽을 곳에서는 죽을지라도 결코 구차하게 삶을 구해서 나의 인을 해치지 않고, 차라리 몸을 죽여서 나의 인을 이룰 따름이다. 삶을 도적질하고 인을 해치는 자는, 뜻있는 선비와 인한 사람을 보면 부끄러운 줄 알아야 한다.

인(仁)이란 곧 '어진 마음'으로서, 결국 사람에 대한 사랑으로 귀결된다. 공자의 수많은 제자들 가운데 번지(樊遲)는 늘 스승을 따라다녔다. 말을 끌면서 공자를 모셨으니, 요즈음으로 말하자면 선생님의 운전기사 노릇을 한 것이다. 그러면서 스승인 공자에게 '인'에 대해 자주 물었다. 언젠가 '인'에 대해 묻자, 공자는 다음과 같이 말해주었다.

"인은 사람 사랑이다."[『논어』「안연」]

여기에서 '인'은 '인애(仁愛)'이다. 모든 사람을 다 사랑하여 기르는 것이라고 공자는 그의 제자에게 가르쳐주었다. 이때 번지가 공자에게 "어떤 것이 지혜가 됩니까?" 라고 물었다. 그러자 공자는 "지혜란 사람을 아는 것이다."라고 하였다. 옳고 그름, 현명함과 어리석음을 거울처럼 들여다볼 줄 아는 것이 참된 지혜라고 가르친 것이다.

사람을 사랑하면 분별하지 말고 사랑해야 하는데, 사람을 알면 분별하지 않을 수 없다. 착하고 착하지 못함을 분별하여, 착한 자를 사랑하고 착하지 아니한 자를 사랑하지 않을 것이다. 이때 또한 유의해야 한다. 사랑에 분별을 둔다면 사람을 사랑하는 데 해롭다는 것이다.

남과 더불어 즐겁게

옛날에는 재화나 재물이 부족했다. 요즈음 같은 산업사회가 아닌 농업을 기반으로 하는 세상에서 물자가 충분하지 않았음은 불을 보듯 뻔하다. 이런 삶의 조건에서 누군가가 자신만을 위하여 욕심을 부린다면 어떠했을까? 나머지 사람들은 헐벗고 굶주릴 수밖에 없었을 것이다. 공자는 이 점을 걱정했다. 재화가 부족한 것을 매우 걱정하면서, 욕심을 참아내며 남과 예의를 지키면서 사는 사회를 권하였다.

이런 뜻에서 어느 날 제자인 안연(顏淵)이 인에 대해 묻자, 공자는 자기 자신을 이겨내어 남과 더불어 지낼 수 있는 절차로서 '예절'을 지키는 본연의 자세로 돌아가는 것이라고 말해주었다.

"나를 이겨 예(禮)로 돌아가는 것이 인을 행함이니, 하루 동안이라도 자기를 이겨 예에 돌아가면 천하가 인으로 돌아간다. 인을 행하는 것은 자기로 말미암는 것이지, 남으로 말미암는 것이겠는가?"[『논어』「안연」]

이에 안연이 그 조목을 묻자, 공자는 이렇게 말했다.

"예가 아니면 보지 말며,
예가 아니면 듣지 말며,
예가 아니면 말하지 말며,
예가 아니면 움직이지 말 것이다."[『논어』「안연」]

사람은 제 몸의 사사로운 욕심 때문에 무너지지 않을 수 없다. 그런 까닭에 인을 행하는 자가 반드시 제 몸의 사사로운 욕심을 이겨내는 것을 하늘의 이치로 삼을 필요가 있다. 그리하여 안연이 인에 대해 묻자, 사람이 하루라도 제 몸의 사사로운 욕심을 이겨서 예로 돌아오면, 온 세상 사람들이 그가 어질다는 것을 인정해줄 것이라고 공자는 말해주었다.

세상일을 하는 데에서 솔선수범은 매우 중요하다. 이렇게 날마다 나의 욕심을 이겨내어 남과 더불어 살아가는 데 필요한 절차, 즉 예를 이행하는 일은 사람들과 더불어 살기 위한 필수조건이다.

공자가 이렇게 말하고 나서 안연이 다시 자세한 조목을 묻자, 네 가지를 말해주었다. 사람이 보고 듣고 말하고 움직이는 데에는 예와 예가 아닌 것이 있으니, 사람이 마땅히 다 예로써 해야 한다는 것이었다. 예가 아닌 것은 보지 말고, 예가 아닌 것은 듣지 말고, 예가 아닌 것은 말하지 말고, 예가 아닌 것에는 움직이지 말라는 것이었으니, 이 것들은 나를 이겨낼 수 있는 중요한 실마리이며, 남과 더불어 즐겁게 살기 위하여 반드시 필요한 것들이다.

남의 기분이나 맞추는 사람은 좋은 사람이 아니다

세상에는 사랑과 정의가 넘쳐야 한다. 그렇지만 사랑과 정의를 가식적으로 드러내 보이는 사람이 있다. 그런가 하면, 남에게 듣기 좋은 말만 골라서 하는 사람도 있다. 얼굴색을 부드럽게 하면서 가식을 부릴 때가 있다. 이렇게 되면 순간적으로 함께 지내기는 좋겠지만, 실제로는 즐거운 사회를 만드는 데 아무런 도움이 되지 않는다. 공자가 살 때에도 그처럼 남을 진정으로 대하지 않고 겉치레로 대하는 일이 흔했던 것 같다. 공자는 이렇게 말했다.

"말을 교묘하게 하고 얼굴빛을 꾸미는 사람들 가운데에는 인한 사람이 드물다."[『논어』 「학이」]

곧 공자는 교언영색(巧言令色)하는 사람을 조심하라고 한 것이다. 말만 좋게 하고 얼굴빛만 잘 꾸며서 다른 사람들이 보고 듣기에 좋도록 하기만 한다면, 이것은 내 마음속의 이기심을 따른 것일 수 있다. 진정성이 없는 겉치레일 수 있다. 만일 말과 얼굴빛의 바깥만 꾸민다면 본심의 덕을 잃게 된다. 본심의 덕을 잃으면 악한 일을 쉽게 한다. 그런 사람은 절대로 어질지 않다.

제자 사마우(司馬牛)가 인에 대해 묻자, 공자가 말하기를, "인한 사람은 그 말하는 것이 조심스럽다."라고 하였다. 이렇듯 인한 사람은 말할 때에 참고 어려운 듯이 하여 경솔히 표현하지 않는다. 사람이 오직 방심하는 까닭에 경솔하게 함부로 표현하고, 함부로 표현하는 까닭에 말을 방자하게 하여 거리낌이 없다. 그렇지만 인한 사람은 일을 할 때에 반드시 성취하기 어려움을 염려하고, 성취한 뒤에는 또 마치기 어려움을 염려하여, 아무쪼록 도리에 부합하게 하여 감히 경솔하게 하지 않는다.

말을 참고 어렵게 하는 것은 자신의 진솔한 마음에서 비롯되는 것이다. 사마우는 말이 많고 조급했으므로, 그 말을 참으며 어렵게 하도록 권한 것이다.

"무엇보다 인한 자는 자기가 서고자 하면 남을 서게 하며, 자기가 통달하고자 하면 남을 통달하게 한다. 가까운 데에서 취하여 비유할 수 있으면, 인의 방법이라고 말할 수 있을 것이다."[『논어』「옹야」]

스스로 자신이 서고자 하면, 그 자신을 세워서 곧 다른 사람을 붙들고 호위하고 북돋워주어서, 그들로 하여금 스스로 서게 해야 한다. 스스로 자신이 통달하고자 하면, 그 뜻에 따라 곧 다른 사람을 굳이 막거나 방해함이 없이 그들로 하여금 스스로 이루게 해야 한다. 그러므로 그 상황이 모두를 서게 하고 모두를 통달하게 하지 못하는 것이 있더라도, 다른 사람 보기를 내 몸과 같이 하여 내 마음에 조금도 사사로운 욕심이 없으니, 어진 자의 마음이 이와 같다.

이러한 인의 본질은, 가까이 자기의 마음에서 취하여 다른 사람의 마음을 비추어 보는 것이다. 내가 서고자 하고 통달하고자 하기 때문에, 다른 사람도 또한 서고자 하고 통달하고자 한다는 것을 안 다음에, 이 마음을 미루어서 세워주고 통달하게 해주면, 내 몸의 이기심은 이로부터 없어질 것이다. 이렇게 될 때, 더불어 살아갈 수 있는 공평한 이치가 실천될 것이다.

사랑과 증오의 기준

무조건 사랑하는 것이 인(仁)일까? 진정으로 사랑해야 할 것과 참으로 미워할 것이 있는 것은 아닐까? 미워해야 할 것은 미워해야 하고, 사랑해야 할 것은 사랑해야 한다.

그런데 증오와 사랑은 역시 인을 기준으로 하는 것이다. '자기의 기준'으로 남을 사랑하고 증오하는 것이 아니라, 궁극적으로 사랑을 이루기 위하여 증오하거나 사랑해야 한다. 예를 들어 잘못이나 죄를 미워하는 것은, 그러한 잘못이나 죄가 이 세상에서 사라지게 하기 위해서이다. '나와 남'의 관계 속에서 결과적으로 증오를 사랑으로 돌리고 사랑을 더욱 돈독하게 하기 위해서, 증오와 사랑을 보내는 것이다.

그런데 사람들은 '자기의 기준'에 맞지 않으면 미워하고, 자기의 입맛에 맞으면 찬사를 보내거나 좋아하는 모습을 보인다. 정작 미워해야 할 일도 자기에게 이익이 되면 눈감아 주는 일이 많다. 그렇게 하면 결코 즐거운 세상을 기대할 수 없다.

치우친 마음이 모이면 군중심리가 되고, 그렇게 되면 또 다른 패거리를 만들어 싸움질이나 하는 세상이 된다. 어느 한 사람이 "나쁜 사람이야!"라고 말하면 나쁜 사람이라 여기고, 또 "좋은 사람이야!"라고 말하면 좋은 사람으로 여기고 만다. 좋고 나쁨에 대해 아무런 기준도 없이 사람을 판단하는 것이다. 역사 속에서 볼 때, 중세 서양의 '마녀 사냥'이 이와 같은 것이다.

여기에서 우리는 인(仁)을 실현하려는 자세를 견지해볼 필요가 있다. 역시 '인'이란 '나'를 버리고 '남'과의 '소통'을 전제로 하는 것이다. 나의 입장에서 남을 싫어하거나 좋아할 것이 아니라, 이치에 따라 문제를 해결하는 것이다. 남을 좋아하거나 미워하는 일에 조심스럽게 접근하는 것이다. 사랑을 기준으로 하여 올바르게 좋아하고 미워하는 것이 인이다. 여러 사람들이 우르르 덩달아 한 사람을 미워하더라도 내가 반드시 살펴보고, 그 사람의 행동이 착하지 못한 것 같더라도 다시 한 번 살펴보아야 한다.

"오직 인(仁)한 사람이라야 남을 좋아하거나 미워할 수 있다."
[『논어』「이인」]

보통사람들이 좋아하고 미워하는 경우에는, 자신이 꼼꼼히 살피지 않으면 자신의 개인적인 감정으로 인해 보지 못하는 것이 있을 수도 있다. 어느 날 제자 자공(子貢)이 묻기를 "고을 사람들이 모두 좋아하면 어떻습니까?"라고 하자, 공자는 "안 된다."라고 하였다. 이어서 자공이 "고을 사람들이 모두 미워하면 어떻습니까?"라고 묻자, 공자는 이렇게 말해주었다.

"안 된다. 고을 사람들 중에 선한 자가 좋아하고, 선하지 못한 자가 미워하는 것만 못하다."[『논어』「자로」]

어디까지나 기준은 '인'이다. 때로는 타자의 편에 서서 냉정하게 좋고 나쁨을 판단해야 한다. 내가 누구를 좋아하는 것이 과연 옳게 좋아하는 것인지를 살펴보아야 한다. 공자는 이러한 자신의 생각을 제자들에게 말해주었다.

인(仁)의 성취와 정성

유교의 가르침에서는 성(誠 : 정성)이 중요한 자리를 차지하고 있다. 물질로 봉양하는 효뿐만 아니라 마음이 담긴 효를 도모함으로써, 시민 의식을 고양하는 차원에서 성은 매우 중요하다.

이 세상의 모든 사물에는 성실한 이치가 배어 있다. 그만큼 성실한 이치를 통하지 않고서는 우리가 마음먹은 일을 이룰 수 없다는 법칙성이 이미 갖추어져 있다는 것이다. 예를 들어 우리가 마음먹은 일이 잘 되지 않을 때가 있다. 가만히 생각해보면 정성스럽지 않거나 열심히 하지 않기 때문이다. 이때 마음을 잘 돌이켜 먹고 다시 성실하게 임하면 무슨 일이든 이룰 수 있다.

이 '성(誠)'과 '실(實)'은 '알참'의 의미로서, 『중용』에서는 이것을 자연의 이치로 규정하였다. 우리는 여기에서 '경(敬)'의 뜻을 '성(誠)', 곧 '정성'과 거의 같은 의미로 이해해도 좋다.

"정성이라는 것은 스스로 자기를 이룩해주는 것뿐만이 아니요, 남도 이루어주는 것이니, 자기를 이루는 것은 인이요, 남을 이루는

것은 지혜이다."[『중용』 제25장]

정성과 성실만 있으면 못할 일이 없다. 그것은 스스로를 성공으로 이끄는 길이다. 그렇게 되면 자기 성취만 있는 것이 아니라, 남도 또한 성공으로 이끈다. 이런 점에서 건강한 생명의 행위, 즉 인이라 할 수 있고, 남을 이루어 주는 일이라는 점에서 지혜로운 행위라고 할 수 있다.

유학의 가르침은 기본적으로 상대와 나의 관계에서의 도리를 문제로 삼는다. 이 글은 그 같은 맥락에서 사람 사이의 원만한 관계를 이루기 위해서 뿐만 아니라, 이 세상의 모든 일을 할 때도 정성이 필요하다는 것을 말해준다. 정성을 쏟으면 나를 만들어줄 뿐만 아니라 남도 만들어준다. 어쩌면 이것이 바로 원윈(win-win)하는 방법 가운데 가장 좋은 것일 수 있다. 정성의 효, 공경의 효로써 남을 배려하되, 내 부모로부터 시작하여 확대해 나갈 때, 그 종착점은 인이 실현된 사회이자 대동사회가 된다. 이렇게 될 때 우리 사회는 즐겁고 살기 좋은 곳이 된다.

대장부가 사는 넓은 집, 인(仁)

사람들은 넓은 집을 원한다. 그것은 본능적으로 큰 것을 선호하는 것과 다를 바 없다. 한편으로 좁은 집을 싫어하기 때문에 그럴 수도 있다. 그런데 참으로 넓은 집이란, 수많은 사람을 받아들일 수 있는 마음의 여유일지도 모른다. 가난한 사람·고아·홀아비·과부·병자 같이 아무데에도 하소연할 곳이 없는 딱한 사람들마저 맞이하는 공간이 진짜 넓은 집이다.

또한 우리가 그런 처지에 있을 때 받아들여주는 곳이라야 넓은 집이 될 수 있다. 천하를 수용해줄 수 있는 집이 '인'이라는 점을 상기시켜준 사람이 공자라면, 그러한 '마음의 덕'이야말로 참으로 넓은 집일 수 있다고 말한 사람은 맹자이다.

"인은 사람의 편안한 집이요, 의로움은 사람의 올바른 길이라고 하면서, 편안한 집에 살지 않고 올바른 길을 따라 걷지 않으니 슬프다."[『맹자』「이루장구(離婁章句) 상(上)」]

인간이 된다는 것은 인을 실천하는 사람이 된다는 뜻이다. 그러지 않으면 '비인간'이다. 이런 뜻에서 맹자는, 어려움에 빠진 세상을 건지려는 마음, 불쌍한 사람이 있으면 차마 그냥 지나치지 못하는 마음을 '불인인지심(不忍人之心)'이라고 하였다.

'불인인지심', 어려움에 빠진 남을 차마 그대로 지나치지 못하는 이 마음 가운데에 으뜸이 되는 것은 '측은지심(惻隱之心)'이다. 이 측은지심은 바로 '인'의 마음이다. 이 마음을 확장하면 어려운 처지에 있

맹자

　는 사람을 구제할 수 있다. 이를 통해 또한 세상을 건질 수 있을 것이라고 맹자는 생각했고, 그런 마음을 가진 지도자가 정치를 하기를 바랐다. 고통 받는 사람들로 가득 찬 세상에 대해 노심초사하며 고민하고, 이것을 행동으로 옮겨 모두가 살기 좋은 세상을 만드는 일을 우리는 '왕도정치 사상'이라고 한다. 그와는 반대로 자기 자신만을 생각하여 세상을 손아귀에 넣으려는 것이 '패도(覇道)'이다.

　　맹자가 살던 시기는 '7웅(雄)'이 싸움을 일삼던 전국시대였다. 요즈음으로 말하자면, 독재자들이 판을 치는 세상이었다. 그런 만큼 백성들은 이루 말할 수 없이 살기 어려웠다. 참으로 정도(正道)를 걷는 '왕다운 왕'이 필요한 때였다.

이런 때에 맹자는 세상을 건져줄 사람, 패도가 아닌 왕도를 실현할 사람, 하늘이 준 '선한 마음을 이 세상에 실천할 사람'을 요구하며 온 세상을 돌아다녔다.

"사람마다 모두 남들에게 차마 잔학(殘虐)하게 굴지 못하는 마음이 있다고 말할 수 있는 까닭은 이러하다.

이제 어린아이가 우물에 빠진 것을 사람들이 언뜻 보게 되면 모두들 겁이 나고 측은한 마음이 생긴다. 그것은 그 어린아이의 부모와 친교(親交)를 맺기 위해서도 아니요, 동네 사람들과 벗들로부터 칭찬을 받기 위해서도 아니요, 그 아이의 소리가 싫어서 그러한 것도 아니다. 이로부터 본다면,

측은지식(惻隱之心)이 없으면 인간이 아니요,

수오지심(羞惡之心)이 없으면 인간이 아니요,

사양지심(辭讓之心)이 없으면 인간이 아니요,

시비지심(是非之心)이 없으면 인간이 아니다."[『맹자』 「공손추장구(公孫丑章句) 상」]

‘사단(四端)’이라는 말을 들어본 적이 있을 것이다. ‘네 가지 단서’·‘네 가지 뿌리’·‘네 가지 실마리’ 등으로 말하기도 한다. 이것은 우리 마음에 선천적으로 ‘선(善)’한 덕이 있다는 실마리를 말한다.

　위의 인용문에서 볼 수 있듯이, 우물에 빠진 어린아이를 보고 그냥 지나치는 사람은 없다. 우리는 가끔씩 불의와 싸우다가 죽음을 맞이하거나, 지하철에서 사람을 구하다가 다치거나 목숨을 잃는 딱한 소식을 접할 때가 있다. 2001년 1월 26일, 일본 동경에서 아르바이트를 마치고 집으로 돌아가던 이수현 씨가 지하철 선로에 쓰러진 취객을 구하고 정작 자신은 목숨을 잃은 일이 있었다. 그의 의로운 죽음은 우리를 감동시키고도 남는다. 맹자는 이 같은 ‘마음 쓰기’를 통해 세상을 구할 수 있을 것으로 믿었다. 인간에게 주어진 근본적인 ‘네 가지 덕’, 즉 인(仁)·의(義)·예(禮)·지(智)가 있음을 직관적으로 접근하여 주장하면서, 그런 마음이 결국 세상을 살기 좋은 곳으로 만들 것이라는 희망을 가졌던 것이다.

　맹자는 ‘우물에 빠진 아이의 상황’을 활용하여 논리를 전개하였다. 우물에 빠진 어린이를 언뜻 보게 되면 모두들 겁이 나고 측은한 마음이 생기는데, 그것은 아무런 조건이 없는 마음, 무조건 구하지 않고는 못 배기는 선천적인 양심에서 나온다는 것이다. 그 어린아이의 부모와 친교를 맺기 위해서도 아니요, 동네 사람들과 벗들로부터 칭찬을 받기 위해서도 아니요, 그 아이가 살려달라고 울부짖는 소리가 싫어서 그러한 것도 아니라는 것이다. 그저 어려운 상황을 측은하게 여긴 마음에서 아무런 대가 없이 구한다는 것이다. 사람이라면 누구나 다 이런 마음을 가지고 있는데, 그런 마음이 들지 않으면 '비인간', 즉 '비인(非人)'이다.

그로부터 미루어볼 때, 인·의·예·지의 네 가지 덕이 분명히 있을 것이라고 여기는 것이다. 즉 '네 가지의 실마리'로 미루어볼 때 '네 가지의 덕'이 있다는 것이다.

> "측은지심은 우리 마음에 인(仁)이 있다는 실마리요,
> 수오지심은 우리 마음에 의(義)가 있다는 실마리요,
> 사양지심은 우리 마음에 예(禮)가 있다는 실마리요,
> 시비지심은 우리 마음에 지(智)가 있다는 실마리이다."[『맹자』
> 「공손추장구 상」]

그렇다. 우리가 어려운 처지에 있는 사람을 보고 그냥 지나치지 못하는 것은 우리에게는 '측은지심'이 있다는 증거이고, 이 측은지심이 있다는 것은 우리의 마음 한 구석에는 인애(仁愛)와 사랑을 뜻하는 '인'이 덕으로 자리 잡고 있다고 추측할 수 있는 실마리가 된다. 그런 점에서 "측은지심은 인의 단서, 즉 실마리이다."

또한 우리는 자신의 잘못에 대해서는 부끄러워하고, 남이 미운

짓을 하면 증오한다. 이것은 나쁜 것이 아니다. 부끄러워하고 미워하는 것, 즉 '수오지심'도 역시 하늘로부터 우리가 타고난 것일 수 있다. 이런 마음이 있는 것으로 보아, 역시 우리의 마음 한 구석에는 의(義)가 자리 잡고 있음이 분명하다. 이것이 바로 이 세상을 정의롭고 올바른 사회로 이끌 수 있는 원동력이다. 그런 점에서 우리는 "수오지심은 의(義)의 단서, 즉 실마리이다."라고 말하는 것이다.

남이 만약 우리에게 친절을 베풀거나 뜻하지 않은 특혜를 베풀면 사양하고, 어려운 처지에 있는 사람이나 어른을 만나면 양보한다. 서로 "형님 먼저, 아우 먼저" 하면서 자리를 상대방에게 양보할 때도 있다. 이것은 우리의 마음속에 자리 잡고 있는 '사양지심'이 겉으로 드러난 것이다. 이는 바로 우리의 마음속 어딘가에는 예(禮), 즉 예의를 지키는 덕이 자리 잡고 있다는 실마리이다.

마지막으로 우리 마음속에 있는 '시비지심'을 보자. 잘못된 것은 지적하고, 옳은 것은 옳다고 하는 마음으로 보아, 역시 우리의 마음속 어딘가에 사물을 판단하는 지혜로서의 '지(智)'가 덕으로 자리 잡고 있음을 알 수 있다.

이런 식으로 맹자는 우리의 마음속에 자리 잡고 있는 네 가지의 덕과 그 실마리로서의 네 가지 마음에 대해 접근하였다. 그리고 그는 더욱 더 자세히 설명하고 싶어 했다. 사단이 있는 것은 두 손과 두 다리, 즉 사지(四肢)를 가지고 있는 것과 같다고 했다. 그는 "이 사단을 가지고 있으면서 선한 일을 하지 못한다고 스스로 말하는 것은 스스로를 해치는 사람이고, 자기의 임금이 선한 일을 하는 것이 불가능하다고 말하는 것은 자기의 임금을 해치는 사람이다."[『맹자』「공손추장구 상」6]라고 단정하였다.

인간은 누구나 다 도덕적 역량을 지니고 있는데, 이러한 역량을 세상 사람을 구제하는 데에 쓰도록 지도자에게 촉구하지 않는 것에 대해서도 맹자는 비판하였다. 이에 맹자는 '대장부'가 나설 것을 권했다. 대장부는 '인'에 살며, '예의'를 갖추고 '대도(大道)'를 실천하는 사람이다.

"천하의 넓은 거처에 살면서, 천하의 바른 자리에 서서 천하의 대도를 행하고, 뜻을 이루었을 때는 백성들과 더불어 그것을 행하고, 뜻을 이루지 못하였을 때는 홀로 그 도를 행하여, 부귀도 그의 마음을 음란케 하지 못하고, 빈천(貧賤)도 변절하게 하지 못하고, 위무(威武)도 그의 뜻을 굽히게 하지 못하는 것, 이것을 대장부(大丈夫)라 일컫는다."[『맹자』「등문공장구(滕文公章句) 하」]

'천하의 넓은 거처'는 수많은 사람들을 맞을 수 있는 '인', 즉 사랑이다. 사랑이란 어려운 사람을 수용할 수 있는 참으로 넓은 공간이다. 이런 올바른 자리에 서서 대도를 행하는 일이란, 역시 지도자가 가야 할 '길'이다.

대도란 정의이다. 사람이 살아가야 할 올바름의 기준이다. 남에게 베풀어야 할 사랑과 정의를 백성들과 더불어 실천하고, 그 같은 '길'을 흔들림 없이 가는 것은 대장부의 삶이다. 대장부는 설사 뜻을 이루지 못하더라도 홀로 그 도(道)를 행한다.

물질적인 풍요로움으로서의 부(富)나 사회적 지위로서의 귀(貴)로도 그의 마음을 교란시킬 수 없다. 그 자신이 가난하고 사회적 신분이 낮다고 해서, 그러한 처지를 벗어나기 위하여 자신이 가야 할 길을 변절하게 할 수는 없다. 위엄으로 겁을 주거나 무기로 겁을 주어도 그의 뜻을 굽힐 수는 없다.

결국 세상을 구하겠다는 '인'의 마음을 세상에 실천하려는 의지로써, 사람에게 주어진 도덕적 임무를 다하는 사람이 많다면 세상은 참으로 살기 좋아질 것이다.

제2장
근원의 배려와 사랑

1. 배려를 실천하는 첫 단계, 효(孝)

　세계의 기축문명 가운데 하나인 유학사상은 『논어』에서 출발한
다. 거기에서는 "효와 공경은 인(仁)을 실천하는 근본"이라고 했다. 이
는 부모에 대한 효와 어른에 대한 공경의 태도가 배려 문화의 기본임
을 지적한 것이다. 인은 즉 인애(仁愛)로서, 사랑을 의미하기도 하지
만, 남을 품어주는 것이다.

　이 같은 실천은 누가 해야 하는가? 내가 솔선수범해야 하는 것이
다. '무엇을 한다는 것'은 곧 실천이다. 어떤 이론만 세우는 일에 그치
는 것이 아니라, 우리가 사는 사회 속에서 이론을 행동으로 옮기는 것
이다. 내 앞에 놓인 무엇인가를 생각한다는 것, 특히 인간이 가야 할

길에 대해서 생각하고, 더구나 그 생각하는 주체가 나이며, 주체로서의 나는 사회에 기여하면서 '나를 이룩한다는 점'에서 단순히 종교적이거나 신비주의적인 믿음과 다르다.

자연이 나에게 부여한 이법(理法)이나 이치·법칙성을 본받아, 이를 우리가 살아가고 있는 현실 속에 실천하여 행복 만들기에 참여하는 것, 이것이 바로 인문주의이고 인간주의이다. 이것은 또한 동아시아의 '배려 문화'의 원천 사상인 '인' 사상의 기본 이념이다.

'인'이란 '두 사람'이다. '人'과 '二'가 합쳐져 이루어진 이 글자는 '나'와 '남', 즉 두 사람 사이의 원만한 관계 맺음이다. 하늘 아래의 모든 사람들, 신분의 높고 낮음·부유하고 가난함·나이의 많고 적음에 상관없이, 살아가는 사람들을 '내가 품는 것'이 바로 '인'이다. 공자는 이와 같이 오순도순 서로를 배려하며 살아가는 공동체 마을을 매우 아름다운 곳이라고 찬양하였다.[『논어』「이인」]

그러면 먼저 누구랑 원만한 인간관계를 이룰 것인가? 세상일에는 순서가 있다. 『대학』에서 이르기를, "사물(일)에는 근본과 말단이 있고, 일에는 시작과 끝이 있으니, 무엇이 먼저이고 나중인지를 안다면, 인간이 가야 할 길을 가는 것에 가깝다."라고 하였다. 요즈음과 같은 사이버·디지털 시대에는 자칫 공간과 시간의 개념이 없어지고 '근본과 말단'·'시작과 끝'의 개념이 없어지는 것처럼 보일지 모르나, 우리의 인간적 행위는 우리의 몸이 물리적 존재인 한 절대로 단계와 순서를 무시할 수는 없다. 처음을 통해서 나중을 기약할 수 있고, 훌륭한 나중이 있음으로써 새로운 시작이 거듭 이루어질 수 있다.

　이런 의미에서 배려와 사랑에는 순서가 요구된다. 우리가 살아가는 장소에 소속되어 있는 가족이 일차적인 배려의 대상이다. 역사의 주체인 우리가 언제 어디에 있느냐에 따라 '타자'를 돌보는 방법이 결정되는 것이다. 우선 눈앞에 급선무로 배려해야 할 대상이 있다는 점에서, 도덕 실천의 순서가 정해질 수밖에 없기 때문이다. 그렇다면 이제는 '노약자'가 되어버린 부모는 우선순위에 놓이지 않을 수 없다. '내리사랑'으로, 보답을 바라지 않고 조건 없이 자식에게 헌신하다가, 이제는 병들고 늙어버렸거나 또는 그렇게 될 수 있는 분들이 바로 그들이다. 이들을 어찌할 것인가? 여기에서 '효'의 필요성이 생겨나는 것이다.

　'효'란 노약자가 된 부모를 자식이 업어드리는 행위이다. 이렇게 함으로써 원만한 인간계를 맺는 것이다. 물론 내 가족 중에는 형도 있고 동생도 있다. 이때 형제 사이에는 '형우제공(兄友弟恭)'이 요구된다. 형은 동생에게 우애로써 대하고, 동생은 형에게 깍듯하고 공손하게 우러러보는 태도로 대한다면, 비록 요즘 상황에서 그렇게까지 하기는 어렵다 치고, 그 정신만이라도 본받는다면, 기분 좋은 세상이 될 것이다.

　부모다운 사랑과 자식다운 효(孝)가 올바르게 구현될 때, 부모와 자녀 간에 일체의식이 생겨나며, 형다운 우애와 동생다운 공손, 그리고 윗사람다운 이해와 아랫사람다운 순종이 올바르게 구현될 때, 형제간의 질서뿐만이 아니라 사회의 질서의식이 확립될 것이다. 또 남편다운 올바름과 아내다운 덕성이 올바르게 구현될 때, 부부간에 조화로운 역할 분담이 이루어지며, 지도자다운 사랑과 아랫사람다운 충성이 올바르게 구현될 때 정의로운 사회가 이루어질 수 있다.

이렇게 되면 민주주의적인 평등을 뛰어넘어 인간의 훈훈한 '영혼'이 살아 숨 쉬게 될 것이다. 그리고 여기에 그쳐서는 안 된다. 사회로 확장해야 한다. 계속 사랑과 배려의 범위를 확장하여, 내 이웃으로, 동네로, 지역으로, 나라로, 세계로 인간적인 행위를 넓혀 나가야 한다. 그래야 '크게 하나 되어 살기 좋은 사회', 즉 '대동사회'가 되는 것이다.

2. 조건 없는 사랑과 보답

효는 인간관계에서 이루어지는 행위의 근본이다. 효는 인간이 인간되는 기본이며, 도덕의 시발점이다.

중국 한나라 때 허신(許愼, 30~124년)이 쓴 『설문해자(說文解字)』에 따르면, 부모를 잘 섬기는 것이 효(孝)이다. 거기에 의하면 '老'의 생략된 것, 즉 '耂'를 따르고 '子'를 따르는 것이 바로 '효(孝)'이니, 늙은 사람을 받드는 것이라고 했다. 이 글자는 늙은 부모를 자손이 등에 업은 모습이거나, 노인이 자식에게 얹혀 있는 모습을 형상화한 것이다.

『예기』에 따르면, 부모를 섬기는 것으로서의 효에는 세 부문의 도리가 있다고 하였다. 즉 살아 계실 때는 봉양하고, 돌아가시면 상(喪)을 치르고, 상을 치르고 나면 제사를 지내는데, 봉양에서는 자식이 순종하는가를 보고, 상에서는 자손이 슬퍼하는가를 보고, 제사에서는 그 경건함과 시간에 맞추는가를 보는데, 이 세 가지 도리를 극진히 하는 것이 효자의 행실이라고 했다.

여기에서 슬픔에 젖어 상을 치르는 일과 온갖 경건함을 다하여 제사를 지내는 의미는, 부모님이 살아계실 때에 베풀어주신 은혜에 대해 잊지 못한다는 표현이다. 따라서 우리가 일반적으로 알고 있는 번거로운 형식과 과도한 절차를 수반하는 것이 유교 본연의 정신은 아니다. 번거롭다고 할 수 있는 3년상을 치르는 것은, 태어난 뒤 최소한 3년 동안은 보살핌을 받아야 그들의 품을 벗어날 수 있으니, 이 기간의 은혜라도 갚는다는 의미에서 비롯된 것이다. 또한 '알 수 없는' 존재인 귀신의 문제에 관해서도, 공경은 하되 멀리하는 것이 지혜라는 공자의 당부가 있었음[『논어』「옹야」]을 볼 때, 절차상의 문제에 집착하지 않았음을 알 수 있다. 유교에서 말하는 효는 기본적으로 부모가 자식에게 베풀어준 은공을 갚는다는 뜻이므로, 부모가 살아 계실 때는 잘 봉양해 드리며, 그들이 세상을 떠난 후에는 애틋한 상을 치르고 경건한 제사를 지내는 것을 내용으로 한다.

여기에는 반드시 추상적인 방법으로 타자를 배려하는 것은 불가능하다는 뜻이 또한 내포되어 있다. 그러면서 배려는 개인 간의 배려에만 그치지 않고 사회 전체로 그 작용력이 확대되지 않으면 안 된다.

"군자는 '사람 아닌' 사물에 대하여 사랑은 하되 인애(仁愛)하지 않으며, 백성에 대해서는 인애하되 가까이하지 않으며, 어버이를 친애하고 나서 백성을 인애하고, 백성을 인애하고 나서 '사람 아닌' 사물을 사랑한다."[『맹자』「진심장구 상」]

이런 뜻에서 효는 내 부모에게만 머물지 않는다. 그것이 가족 내부의 끈끈한 친밀감을 토대로 하여 출발하지만, 이웃으로 확대되는 과정을 수반하는 효(孝)인 것이다.

"우리 집 늙은이를 늙은이로 존경하여 남의 집 늙은이에게로 확대하고, 우리 집 어린이를 어린이로 사랑하여 남의 집 어린이에게로 사랑을 확대한다."[『맹자』「양혜왕장구 상」]

사랑이 내 주변에만 머물고 만다면 사랑이라 할 수 있을까? 그것은 이기적인 사랑이다. 유교의 사랑은 반드시 타자에게 미치지 않으

면 안 된다. 나와 내 주변에만 머무는 사랑은, 좋게 말하면 개인주의
이지만, 역시 극단적 이기주의에 해당한다.

유교의 단계적 사랑법은, 그 실천 방법상 가족으로부터 출발할
수밖에 없다는 현실적 고민이 반영된 것이다. 곧 지나치게 이상적이면
삶에 별로 기여하지 못한다는 신조가 깔려 있는 것이다. "가까운 이를
가깝게 사랑하고, 바로 그 사랑을 확대하여 널리 사람을 사랑하는 것"
이 유교의 실천윤리이며, 효는 그러한 맥락에서 논의되는 것이다.

3. 더불어 가는 길, 서로 나누는 임무

우리에게는 가야 할 길이 있다. 그것은 인간적 가치이자, 사람과
사람 사이에 있지 않으면 안 되는 삶의 방법으로, '도'라고 표현한다.
이는 인간이라면 갖지 않으면 안 되는 궁극의 가치이자 인간의 정체성
이기도 하다. 사람이란 만물의 영장으로서, 사물이나 짐승과는 다른 품
격이 있어서, 인간다움의 특성을 구비하지 않으면 안 되기 때문이다.

그런데 이 인간다움의 핵심을 이루는 길은 바로 '인(仁)'이다. 이
'인'은 공자 사상의 정수이자 핵심으로, 공자가 일생 동안 외친 것도
'인'으로 귀결한다고 해도 지나친 말은 아니다. 『논어』에서 공자가 문
인인 증자(曾子, 즉 曾參)와 자공(子貢)에게 이르기를, "나의 도는 '일(一)'
로써 관통하였다."라고 하자, 증삼은 이 '일'을 '충서(忠恕)'라고 정의

하였다. 이 '일'은 바로 '인'을 가리킨다. 우리가 '일관(一貫)'으로 알고 있는 용어도 실은 여기에서 근원한 것이다. '한결같이' 또는 '하나로' 꿰뚫는다는 뜻인 '일관'은 매우 중요한 것이다. 요즈음 유행하는 '닥치고'라는 말도 이런 뜻을 어느 정도 갖고 있다고 할 수 있다.

그런데 공자의 제자인 증삼은 '효'를 잘 실천한 사람으로 유명하기도 하지만, 이것을 '충서'로 풀이했다는 점에서, 공자가 전하려고 했던 뜻을 우리에게 잘 전해준 사람이다. '충(忠)'은 나의 진심이고, '서(恕)'는 남을 헤아리는 것, 또는 나의 마음과 타인의 마음이 이심전심으로 만나는 것이기도 하다.

공자는 이러한 인에 주목하여, 부모의 사랑과 자식의 효도를 중요하게 생각했다. '충서'를 수반하는 인간다움의 덕과, 이 덕에 '수기치인(修己治人)'을 더한 것을, 또한 인간이 세상을 살아가는 동안 근본으로 실천해야 할 것이라고 여겼다. '수기치인'이란, 도덕적으로 완성된 내가 남을 다스림으로써 세상의 평화를 도모하는 것이다.

만약 어떤 사람이 매우 뛰어난 능력을 가졌더라도, 그 능력을 남을 위해 쓰기는 쉽지 않다. 아무리 이 세상에 문명적 이익을 가져다줄 수 있는 기술과 재주가 있더라도, 사람들은 대체로 자기 자신만을 위해 쓰려고 한다. 남을 위해 쓰려고 하지 않는다. 따라서 '나'를 버릴 줄 아는 수양이 필요한데, 그것이 바로 '수기(修己)'이다. 우리의 욕심과 이기심을 억누를 줄 아는 능력을 기름으로써, 남을 배려하고 어려운 일을 솔선수범하는 훈련을 하는 것이다.

요즈음으로 말하자면 학생들 집단인 개방된 '붕우'를 지도했던 공자는, 인(仁)이 표현하는 끈끈한 친밀감을 제자들에게 가르쳤는데, 이러한 심정을 학문적 지식과 용기를 가지고 실천하면서 정서의 도야를 꾀하는 일에 집념함으로써, 도덕 실천에 탁월한 군자·이상적 위정자가 세상을 다스리기를 바랐다.

한편 이 '인'은 순서와 차등이 따르는 사랑이다. 공자가 중시했던 효제(孝悌)는 가부장적인 질서 하에서의 부자간이나 형제간에 일방적으로 지켜야 할 습속이다. 하지만 공자는 그것이 인에 의해 지탱되어야 한다는 신조를 가졌었다.

이 인에 포함되어 있는 쌍방의 임무에 대해, 전국시대의 맹자는 오륜 개념을 끌어들여 표현했는데, 그는 사람이 사람다워지기 위해서는 이러해야 한다고 했다.

"후직(后稷)이 백성들에게 농사를 가르쳐서 오곡을 심고 가꾸게 하였는데, 오곡이 성숙하자 인민이 잘 길러졌다. 인간에게는 도리가 있는데, 배불리 먹고 따뜻하게 옷을 입고서 편안히 거처하기만 하고, 가르침이 없으면 금수에 가까워진다. 이 때문에 성인이 이를 근심하여, 설을 사도를 삼아 인륜을 가르치게 하셨다.

부모와 자식 사이에는 친함이 있으며, 임금과 신하 사이에는 의리가 있으며, 남편과 아내 사이에는 분별이 있으며, 어른과 어린이 사이에는 차례가 있으며, 친구 사이에는 믿음이 있는 것이다."[『맹자』「등문공장구 상」]

가정에서는 부모와 자식 간에 관계가 이루어지는데, 그 관계는 혈육이다. 사람간의 관계에서, 가정 내에는 자연이 맺어준 부모와 자식 사이가 있으며, 밖으로는 '임금과 신하' 사이, '남편과 아내' 사이, '어른과 어린이' 사이, '친구와 친구' 사이가 있다. 이러한 관계들에서, 우리는 '친(親 : 가까움)'·'의(義 : 의리, 정의)'·'별(別 : 구별, 분별)'·'서(序 : 차례)'·'신(信 : 믿음, 신용)'을 가지고 인간관계를 맺는다.

이 쌍무적인 인간관계에서 '부자유친'이 가장 우선적인 것일 수 있다. 부모와 자식 간의 인간관계란 천부적으로 형성된 가장 원초적인 것이기 때문이다. 따라서 오륜(五倫)의 핵심에 효가 자리하고 있다고 해도 틀리지 않다. 『효경(孝經)』에서 이르기를, "효는 덕의 근본이며, 가르침이 그곳에서 나온다."라고 한 것은, 이러한 사실을 반영한 것이라 할 수 있다.

그런데 이러한 인간관계에서 우리의 태도는 더욱 중요하다. 상대를 우러러보는 존경의 태도, 즉 '경'이 있어야 한다. 유교란 세상의 평화에 대한, 공자를 위시한 사상가들의 남다른 열정인 '인'을 그가르침의 핵심으로 삼는다. 그런데 역사적으로 종종 잘못된 정권이나 지도자가 그것을 국가의 지도이념으로 표방하여 지나치게 이데올로기화함으로써 시대착오적인 것으로 만들어버린 유교가 있었다. 이리하여 자칫 유교가 가지고 있는 원래의 숭고한 이념마저 빛바랜 '유교'라는 휴지에 싸서 버리는 오류를 범하기도 했다. 하지만 실은 어지러운 세상에서 인간주의를 실현하는 것이 유교의 가르침이다.

4. 강아지도 효도한다

강아지도 부모에게 효도한다. 물론 까마귀도 효도를 한다. 이를 '반포보은(反哺報恩)'이라 한다. 그렇다면 사람의 효는 이들의 효와 어떻게 달라야 하는가?

의사 사위를 둔 늙은 부부가 달동네에서 끼니도 잇지 못하는 일이 벌어지는 것이 오늘의 세태이다. 그렇다면 늙은 부모가 밥 세끼만이라도 꼬박꼬박 먹을 수 있는 것도 다행이겠다. 그렇다고 해서 그것이 효도의 전부일 수는 없다. 공자는 그의 제자인 자유(子游)가 효도에 대해 묻자, 이렇게 답했다.

"지금의 효도는 봉양하는 것만을 말하는데, 개나 말 따위도 부모를 봉양하니, 공경으로써 하지 않으면 어떻게 구별하겠는가?"

[『논어』「위정」]

공자는 '공경'의 마음이 없이 하는 효도에 대해 꼬집었다. 꼬부랑 늙은이 부모에게 식사 때가 되면 밥 세끼 넣어 드리는 일쯤이야 누구나 그다지 어렵지 않게 할 수 있다. 농업 생산성이 매우 낮았던 옛날에는 단순히 끼니를 봉양하는 것조차도 어려웠겠지만, 정성을 들이지 않고 끼니나 적당히 해결해주는 기계적인 부모 모시기에 대해 경계한 것이다.

누군가가 이황에게, "일찍이 어른께서 소제(掃除)하는 예절에 대하여 말씀하셨습니다. 부모님이나 형이나 종족이라면 할 수 있겠지만, 나의 부형이 아닌데 내가 왜 구차하게 하인이나 하는 노릇을 해야 하느냐고 생각했었으나, 나중에 다시 생각해보니, 비록 나의 부형이 아니더라도 공경을 베푸는 예절은 없을 수 없다고 여겨지는데 어떻습니까?"라고 물었다. 그러자 이황은 이렇게 답했다.

"그대가 말한 것은 어른을 섬기는 예에 대하여 대체로 터득한 것이다. 대저 군자는 나의 부형에 대하여 효도나 공경의 도리를 독실하게 다하되, 나의 어버이를 높이고 나아가 남의 어버이에게 미치게 하며, 나의 어른을 공경하고 나아가 남의 어른에게까지 미치도록 한다. 나이가 두 배 많으면 어버이로 섬기고, 10년이 많으면 형으로 섬기며, 5년이 많으면 어깨를 조금 뒤쳐져 따르는 것이다."

[『퇴계선생언행록』 권2]

이황은 또한 다음과 같이 말했다.

"부모나 형을 모시는 것은 위선적으로 억지로 하는 것이 아니다. 먼저 스스로 나의 어른을 공경하고, 이어서 이웃 집 사람과 같은 그 나머지 사람들에게도 미치도록 하는 것이다. 다만 공경하는 예는 그 사람에 따라 차등을 둘 때가 있다. 더욱이 송나라 때의 성리학자인 장재(張載)가 「서명(西銘)」에서 말한 '하늘을 아버지로 하고 땅을 어머니로 하여, 모든 백성이 다 나의 동포이다.'라고 했던 뜻에서 말한다면, 천하가 한 집안이 되며, 나라 안이 다 같은 한 사람이 된다. 세상의 나이 많은 사람들은 모두 우리 한 집안의 어른들이다. 나의 형님 섬기는 마음을 가지고 다른 집 사람을 또한 섬기지 않을 수 없다."[『퇴계선생언행록』 권2]

또 누군가가 이황에게 묻기를, "어른을 모시고 식사할 때 나중에 먹으려 하면 옛 예절에 위배되고, 먼저 먹으려 하면 사람들이 보기에 이상할 것 같은데, 어떻게 해야 적절하겠습니까?"라고 하자, 그는 "어른보다 먼저 먹는 것은 지금의 풍습으로 보아 크게 놀라울 것이므로 그렇게는 할 수 없다. 만약 어른이 수저를 들기 전에 먼저 들고는, 우선 안색을 살피다가 먼저 먹는 것은 어떨까? 그렇게 한다면 아마도 도리에 맞는 일일 것이다."라고 권장하기도 하였다.

이 같은 일은 요즈음 우리의 삶 속에서 흔히 부닥치는 경우일 수 있다. 나이든 노인이나 선배에게 배려와 존경을 표시하는 일은 중요하므로 참고할 만하다.

5. 표정 짓기와 분부를 실천하는 태도

유교의 질적인 효, 즉 단순히 먹는 것 정도를 겨우 마련해 드리는 일을 뛰어넘는 수준 높은 효에는 '색난(色難)'이란 것이 있다. 여기에서 '색'은 '얼굴색'이고, '난'은 '어려움'이다. 이는 부모님을 대할 때 표정 짓기가 어렵다는 뜻이다. 표정이란 사람의 마음이 겉으로 나타난 것이다. 곧 즐겁고 화기애애한 표정으로 부모님을 모시는 것이 어렵다는 것을 나타내는 말이다. 어려운 듯 부모님 앞에 깍듯한 모습을 보이는 것이 '색난'이고, 그 같은 정성스러운 효도를 '색난의 효'라고 한다. 자하(子夏)가 효에 대해 묻자 공자는 이렇게 말해주었다.

"얼굴 표정 짓기가 어려우니, 일이 있으면 젊은이가 그 수고로움을 수행하고, 술이나 밥이 있으면 부형(父兄)이 먼저 잡수게 하는 것 정도를 가지고 일찍이 효라고 한 적이 있던가?"『논어』「위정」

부모를 모실 때 효자 중에서 깊은 사랑이 있는 사람이라면 반드시 화기(和氣)가 있어야 하고, 화기가 있는 사람이라면 반드시 부드러운 모습이 있어야 하며, 부드러운 모습이 있는 사람이라면 반드시 상냥한 모습이 있어야 한다. 그런데 오직 얼굴 표정 짓기가 어려우니, 수고로운 일이나 수행하고 밥이나 먹여 드리는 일만으로 효라고 하기에는 부족하다.

마음으로부터 우러나오면서 예의를 갖춘 효도 중에는 '마지못해 하는 것이 아니라 흔쾌히 대답하고 달려가는[唯而不諾(유이불락)]' 부모 모시기가 있다. 만약 아버지가 우리에게 분부할 경우, 억지로 "왜요 ~[諾]"라고 하는 게 아니라, "네[唯]"라고 하면서 달려가는 것을 말한다. 하던 일을 제쳐놓고, 음식물이 입 안에 있으면 뱉어내고서 대답할 정도로 윗사람에 대해 예의를 갖추는 것이 자식으로서 도리를 다하는 것이다. 유학의 가르침에서는 "나를 억누름으로써 상대방에 대한 예(禮)를 이행할 것"[『논어』「안연」]이 요구되는데, 작게는 "내가 바라지 않는 것을 남에게 베풀지 말고"[『논어』「안연」], 크게는 "내가 누리고 싶은 것이 있으면 남에게 먼저 배려할 것"[『논어』「옹야」]이 요구된다. 이것들은 모두 '인'의 뜻이다. 효를 실천하는 데에도 예의를 두루 갖추어 상대에 대해 '모든 배려'를 다할 것이 요구된다.

6. 늙고 힘없는 사람이 보살펴지는 사회

우리는 우선 자신의 부모를 잘 모셔야 한다. 그런 다음에는 내 이웃에 노약자가 있는지 살피지 않으면 안 된다. 나의 늙은 부모가 병약하여 참으로 안쓰럽고 불쌍하다면, 이웃집 노인도 마찬가지로 안쓰러운 것이다.

세상에는 나의 부모뿐만이 아니라, '딱한' 사람이 너무도 많다. 앉은뱅이·노숙자·버려진 아이 등등이 그들이다. 이른바 '사회적 약자'인 이들을 어떻게 할 것인가? 산업화·정보화 사회라는 문명의 축복 저편에는 그에 못지않은 음지가 있다.

유교의 가르침은 이러한 '딱한' 자연인에 대한 배려를 빼놓지 않는다. 공자 자신이 그의 포부를 묻는 제자의 질문에 답하기를, "늙은 이는 편안하게 해드리고, 붕우는 믿음으로 함께하며, 어린이는 품어주는 것이다"[『논어』「공야장」]라고 했고, 맹자는 공자의 인(仁)을, "'어려운 상황에 빠진 사람을' 차마 지나치지 못하는 마음[不忍人之心]"이라고 해석하여, 도탄에 빠진 백성을 돌보아야 한다고 위정자에게 촉구했다.

이러한 사회적 약자들이 구제되고 사람마다 모두 자신의 영역에서 행복하게 살 수 있어야 하는데, 그러한 것이 보장되는 세상이 바로 '대동'의 사회이다. 유교 경전 가운데 하나인 『예기』에는 이 같은 유토피아를 꿈꾸는 글이 있다.

"큰 도가 행해지는 세상에서는 온 누리가 공공의 것이 된다. 그리하여 임금도 이것을 개인적으로 자손에게 물려주지 않고, 어진 덕이 있는 사람이나 재능이 있는 사람을 뽑아서 진실과 믿음을 추구하고 화목하는 방법을 닦는다.

그래서 사람들은 유독 자기의 자식만을 친애하지 아니하며, 노인은 안락하게 그 수(壽)를 마칠 수 있게 하고, 젊은이에게는 충분히 자기의 역량을 발휘할 수 있도록 하고, 홀아비·과부·부모 없는 고아·자식 없는 외로운 사람, 그리고 병든 사람들이 모두 보살펴지게 한다. ⋯⋯이것을 대동의 세상이라 한다."[『예기』, 「예운」]

사람들은 유독 자기 자식이나 부모만을 챙긴다. 이는 인지상정으로, 내 주변 사람에게는 잘 해주면서 남은 등한시하는 경향이 있다. 그렇게 해서는 좋은 세상을 이룰 수 없다. 만약 입장을 바꾸어, 남이 그들의 부모만을 사사롭게 챙기고, 그들의 이웃인 나 또는 나의 부모는 염두에 두지 않는다면 어떨까?

공자는 일찍이 『논어』에서 '극기복례(克己復禮)'를 말했는데, 이처럼 탐욕스러운 사회를 우려한 나머지 그 말을 한 것이다. '극기복례'란 나의 욕심을 이겨내어 상대와 나 사이에 필요한 삶의 예절, 즉 예의를 실천하는 사회로 돌아가는 것이다. 예의나 염치라고는 없이 동물처럼 자신의 욕망을 다 누림으로써, 다른 사람은 헐벗게 되는 사회를 공자는 걱정한 것이다.

두 형제가 있다고 가정하자. 만약 동생이나 형 중 한 사람이 부모가 준 음식이나 기타 물건들을 독차지한다면, 반드시 그 혜택을 누리지 못하는 사람이 있을 것이다. 예를 들어 두 조각의 초콜릿이 있는데, 둘 중 한 사람이 다 먹어버린다면 한 사람은 그것을 먹는 즐거움을 누릴 수 없게 된다. 사람들 사이에서 욕심을 부리는 일은 제로섬 게임과 다를 바가 없어서, 다른 사람에게는 치명적인 불이익을 가져다준다. 따라서 '극기'가 필요한 것이다. '극기'란 자신의 욕심을 이겨내는 것이다. 자신의 욕심을 이겨낼 때 원만한 인간관계를 위한 '예의범절'이 지켜지는 단계에 접어들 수 있다.

극기복례, 곧 '자신의 욕심을 이겨내어 예로 돌아가는 것'이 바로 이것이며, 그러할 때 '남을 배려하는 것'은 저절로 이루어지게 된다. 이때가 바로 대동사회가 이루어지는 시점이기도 하다.

나만을 챙기는 막힌 행태가 차츰 확대되면, 그 결과는 싸움이나 전쟁이 된다. 이러한 이기적인 행태가 개인에서 나라로, 나라에서 세계로 확대되어 '이해 다툼'이나 '이권 싸움'이 벌어지면 전쟁을 초래할 수도 있다.

내 주변의 사람만을 친애하지 아니하며, 노인으로 하여금 안락하게 그 생을 마칠 수 있게 하고, 젊은이로 하여금 충분히 자기의 역량을 발휘할 수 있게 하고, 홀아비·과부·부모 없는 고아·자식 없는 외로운 사람 역시 보살핌을 받을 수 있게 해야 한다.

이 같은 이념을 담은 글들 가운데, 앞에서 언급했던 장재의 「서명」이라는 글이 있다. 그 내용을 요약하면 다음과 같다.

나이 많은 사람을 높이는 것은 어른을 어른으로 섬기는 것이며, 외롭고 약한 이를 불쌍히 여기는 것은 어린이를 어린이로 보살피는 것이다. 성인은 천지와 그 덕이 일치하는 사람이고, 현인은 천지에서 빼어난 사람이다.

무릇 천하의 늙고 허약한 사람, 병든 사람, 형제가 없는 사람, 자녀가 없는 사람, 홀아비나 과부와 같이 의지할 곳 없는 외로운 사람들은, 나의 형제 중 매우 곤란한 처지에 있어도 하소연할 곳이 없는 사람들이다.

때에 따라 하늘의 뜻을 보존하는 것이 내가 천지의 아들로서 천지를 공경하는 것이고, 늘 즐거워하고 근심하지 않는 것이 효도를 온전하게 하는 것이다. 천명을 어기는 것을 일컬어 덕을 거스르는 것이라 하고, 인(仁)을 해치는 것을 적(賊)이라 한다. 악을 만드는 자는 부모를 닮지 못하여 슬기롭지 못한 사람이고, 천지로부터 받은 천성에 따라 살아가는 이가 오로지 부모를 닮은 사람이다.

천지의 조화를 알면 그것을 잘 계승하게 되며, 그 조화 속의 신묘함을 알면 그 천지 부모의 의지를 잘 이어받게 된다. 남이 보지 않는 구석진 방과 같은 곳에서도 부끄러운 짓을 하지 않으면 부모를 욕되게 하지 않는 것이며, 본래 순수한 우리의 마음을 그대로 보존하고 본성을 기르는 것은 부모를 섬기는 데 게으르지 않는 것이다.

맛좋은 술을 싫어함은 우(禹)임금이 어버이를 돌보기 위함이었고, 영재를 기르는 까닭은 영고숙(潁顧叔) 같은 효자가 길이 이어지게 한 것이다. 고통스러워도 효도를 게을리 하지 않고 마침내 부모를 기쁘게 하였으니, 순(舜)임금의 공이며, 도망갈 곳이 없는 듯 죽이기를 기다리는 것은 신생(申生)의 공손함이다. 부모가 주신 몸을 온전하게 하여 죽은 사람은 증삼(曾參)이며, 따르는 데 용감하여 명령에 순종하기로 손꼽히는 사람은 백기(伯奇)이다. 부귀와 행복은 나의 생활을 풍요롭게 할 것이며, 빈천과 근심 걱정은 너를 완전한 인격자로 완성시킨다. 살아서는 천지의 부모를 순종하여 섬기니, 죽어서 나는 편안할 것이다.

중국의 하(夏)나라를 세웠다는 우임금은 맛좋은 술을 싫어했다고 한다. 왜 그랬을까? 우임금의 아버지는 숭백자(崇伯子), 곧 숭나라의 백작이었는데, 그의 아들인 우임금은 아버지를 잘 모시기 위하여 단 술을 싫어했다고 한다. 의적(儀狄)이 술을 만들었는데, 우임금이 그것을 마셔보니 매우 달콤했다. 그러자 우임금이 말했다.

"후세에 반드시 술로써 그 나라를 망칠 사람이 있을 것이다."

우임금은 드디어 의적을 멀리하고 단 술을 끊었다고 한다. 영고숙은 춘추시대 초기의 정(鄭)나라 사람이다. 『좌전』「은공원년(隱公元年)」에, "영고숙은 순수한 효자이다. 그가 어머니를 사랑함이 장공(莊公)에게까지 영향을 미쳤다.[穎考叔, 純孝也, 施及反莊公.]"라고 했다. 영고숙은 정나라 장공의 신하인데, 그의 효가 장공에게 은덕으로 미쳤던 것이다.

중국 고대 순(舜)임금의 아버지는 품성이 매우 고약하여, 자식인 순을 못살게 굴었다. 그럼에도 불구하고 그는 어버이를 섬기는 도를 다하였다. 그러자 고수(순임금의 아버지)가 기뻐하니, 이를 바탕으로 세상 사람들이 그 가르침을 본받았다고 한다.[『맹자』] 고수는 완고한 아버지였으나, 순의 효도를 통해 아버지가 기뻐하였으니, 효를 본받아 천하가 교화된 것이다. 순은 일찍이 어머니를 여의었다. 순의 아버지는 장님이었는데, 부인이 먼저 세상을 떠났다. 그러자 새로운 부인을 맞이했는데, 순의 의붓어머니는 매우 사나웠다. 원래 그러했는데, 친아들인 상(象)을 낳자 더욱 더 순을 못살게 굴었다. 하루는 창고에 비가 새자, 순으로 하여금 창고 위에 올라가 지붕을 수리하도록 한 뒤 사다리를 치워버리고 불을 질렀다. 순은 다행히 갓을 가지고 올라갔기 때문에, 그것을 쥐고 뛰어내려 재난을 모면할 수 있었다. 또 순에게 우물 속의 더러운 찌꺼기를 치우라고 한 뒤, 그가 우물 안으로 들어가자 흙과 돌로 우물을 메워버렸다. 다행히 순은 자기를 해칠 줄 알고 우물에 들어가자마자 우물 벽에 굴을 파고 빠져나가 살아날 수 있었다.

하지만 순의 아버지는 자신의 후처와 후처 소생의 작은아들이 큰아들인 순을 해치려는 것을 말리지 않았다. 뿐만 아니라 잘하는 짓이라고 박수를 치면서 자기도 함께 나쁜 짓에 가담했다. 이런 일이 한두 번이 아니었지만, 순은 원망 한 마디 하지 않고 언제나 부모에게 효도했다고 한다.

나중에 순의 아버지인 고수와 어머니, 그리고 아우 상은 모두 순의 효성에 감동을 받아 마음을 고쳐먹고 좋은 사람이 되었다고 한다. 순은 아우 상이 놀기 좋아하는 것을 배려해 놀이기구를 만들어 주었는데, 그것이 바로 오늘날 중국 장기의 효시(嚆矢)라고 한다.

『예기』「단궁편」에는 이런 글이 있다.

"진헌공(晉獻公)이 장차 세자인 신생(申生)을 죽이려 했으나, 신생은 도망가기를 사양하고 목을 매어 죽었다. 이리하여 공신생(恭申生)이라 한다."

'공(恭)'은 신생이 죽은 후의 시호인데, 부모의 뜻에 순종하여 죽

음마저도 마다하지 않았기에 '공손히 순종했다'라는 뜻에서 '공(恭)'
이라고 한 것이다. 공자의 제자인 증삼의 효 또한 유명하다. 그는 부
모가 주신 몸을 온전하게 하여 죽었다. 『예기』에는 이런 글이 있다.

> "부모가 온전하게 낳아 주신 몸이니, 자식은 마땅히 온전하게
> 가지고 돌아가야 한다."

하늘이 준 몸을 그대로 간직하여 살다가 죽는 것이 하늘의 뜻을
따르는 것이라고 여긴 것이다. 백기(伯奇)는 주나라 때의 대부(大夫)인
윤길보(尹吉甫)의 아들이다. 길보가 후처의 말을 듣고 백기를 내쫓자,
그는 이른 아침에 들에 나가 「이상조(履霜操)」라는 노래를 부르다가 강
물에 빠져 죽었다고 한다. 『안씨가훈(顏氏家訓)』「후취편(後娶篇)」에는,
"길보는 어진 아버지였고, 백기는 효자였다. 현부가 현자를 이끌어
그 천성을 마칠 수 있었으나, 후처가 이간질하여 백기가 추방되었
다."라는 글이 실려 있다.

7. 정성어린 가족 사랑

아들아, 길고 큰 새발쑥이 되어라

신경숙의 소설인 『어머니』가 장기간 베스트셀러가 되고 있다. 앞

으로도 상단 기간 계속 잘 팔릴 것이다. 왜 그렇게 예상할 수 있을까? 작가 나름의 독특한 소설 기법도 훌륭하지만, 무엇보다도 '어머니'라는 존재 자체가 사랑이고 눈물이며 추억이고 진리의 본질이어서, 지나가다가도 문득 그 책을 눈여겨볼 것이기 때문이다.

'어머니'는 인류가 실천해야 할 궁극적 진리의 모습이자 존재의 근원이다. '아버지'와 더불어 부모는 가족의 버팀목으로서, 세계의 안녕을 도모할 수 있는 디딤돌이다. 아마도 태초부터 그랬을 것이다. 사람들은 '어머니'나 '아버지'라는 말을 들으면 자다가도 벌떡 일어난다. 이 단어들은 우리에게 사랑을 베풀어주는 사람을 일컫는 대명사나 마찬가지다. 때때로 우리 자식들은 그들의 존재감을 느끼지 못할 때도 있다. 그러는 사이에도 어머니와 아버지는 늘 우리 곁에서 흐뭇하게 존재한다. 살아서는 자신을 희생하면서 우리를 돌보았고, 세상을 떠난 다음에는 우리들의 마음속에 영원한 추억으로 남아 있다.

그런 부모님이 옆에 오래 계시면 계실수록 좋은 일이다. 자식의 입장에서 해외에 나가 있거나 군에 복무하고 있을 때, 부모가 죽도록 그리웠던 경험을 했던 사람들은 이를 실감할 것이다. 영어로 '어머니'는 보통명사 'mother'이다. 그런데 'Mother'로 표현하기도 한다. 어머니는 그 누구보다 위대한 고유명사라는 것이다. 동서양을 막론하고 가장 위대한 사람은 사실 어머니이다. 다음의 노래 가사를 보자.

나실 제 괴로움 다 잊으시고

기를 제 밤낮으로 애쓰는 마음

진자리 마른자리 갈아 뉘시며

손발이 다 닳도록 고생하시네.

하늘 아래 그 무엇이 넓다 하리요?

어머님의 은혜는 가이없어라.

어릴 때부터 불러왔던 양주동(梁柱東)이 쓴 이 노랫말은 우리를 숙연하게 하고도 남는다. 그런데 이 어머니에 대한 애절한 정서나 가사의 리듬은 유교 경전의 하나인 『시경(詩經)』에 있는 노랫말로 거슬러 올라간다. '못난 자식'이 병사가 되어 변방에 근무하면서 부모를 그리워하며 비유적으로 자신의 심정을 표현한 시이다. 바로 「육아(蓼莪)」라는 제목의 시인데, 다음과 같다.

길게 자란 건 새발쑥이네.

새발쑥이 못 되고 다북쑥이 되었네.

애처롭다 우리 부모 나를 낳고 고생하셨네.

길게 자란 건 새발쑥이네.

새발쑥이 못 되고 제비쑥이 되었네.

애처롭다 우리 부모님 나를 낳고 여위셨네.

병의 술이 떨어짐은 술통의 수치이네.

궁하고 외롭게 사니 일찍 죽는 게 나으리.

아버지 아니면 누굴 믿고, 어머니 아니면 무얼 기대리.

나가면 근심이요, 들어와도 마음 붙일 곳 없네.

아버지 날 낳으시고, 어머니 날 기르시니

쓰다듬어 기르시고 키우고 가르쳐주셨네.

거듭 거듭 살피시고 나들며 안아주셨네.

이 은혜 갚고자 하나 하늘처럼 그지없어라.

여기에서 '육(蓼)'은 '길고 큰 모양'을 가리킨다. '아(莪)'는 '아름다운 쑥'이다. '육아'는 길고 커서 모양이 좋은 '새발쑥'인데, 옛날 사람들은 이 쑥을 귀하게 여긴 반면 '다북쑥'은 천하게 여겼다.

「육아」는 효자가 부역의 의무 때문에 외지에 나가 있어, 부모를 봉양하지 못하는 처지를 슬퍼한 시이다. 『시경』에 수록되어 있는 시들은 중국 주나라 왕조의 건국 초기(기원전 122년경)부터 춘추시대 중기(기원전 570년경)에 이르기까지 약 500년간 황하를 중심으로 주나라에서 불리던 것들이다. 「육아」는 바로 동아시아 문화에서 가장 오래된 시집 가운데 고전으로 불리는 『시경』에 수록되어 있는 시 300여 편 가운데 하나로서, 효도를 다하지 못하고 전쟁터에 나간 병사가 돌아가신 부모에 대한 회한(悔恨)을 읊은 내용이다. 어버이에 대한 그리움이 절절이 묻어나는, 그야말로 '어버이의 노래'이다.

부모님은 '제법 큰 좋은 쑥'처럼 되라고 하셨는데, 그것이 못 되고 다북쑥이나 제비쑥 같은 '천한 존재'로 성장한 '나'의 처지를 비유적으로 표현하여, 그 애달픔을 드러낸 이 시야말로 몇 번을 반복하여 읽어도 또 읽고 싶어진다. 이 시를 읽고 있노라면 나도 모르게 눈물이 흘러내리는 때도 있다. 이 같은 『시경』의 내용은 『명심보감』의 「효행편」에도 소개되어 있다.

"아버지 날 낳으시고 어머니 날 기르셨도다. 애달픈 부모님이시여. 나를 낳으셔서는 힘들고 수고로우셨으니, 깊은 은혜 갚고자 하나 넓은 하늘처럼 끝이 없어라.[父兮生我, 母兮鞠我, 哀哀父母, 生我?勞, 欲報深恩, 昊天罔極.]"

누구를 막론하고 어렵고 고달픈 처지에 놓이면 으레 '따뜻했던 추억'에 젖게 된다. 그런데 그 '따뜻했던 추억'은 대부분 부모와 관련된 것들이다. 군에 입대하여 밤에 전방에서 쓸쓸히 보초를 서고 있을 때, 가장 자주 생각나는 사람은 아마도 부모일 것이다. 물론 애인이 생각날 때도 있겠지만, 온 힘을 다해 고달프게 임무에 임하는 상황에서는 부모, 특히 '지금은 세상에 안 계시는 부모'는 더욱 간절히 생각날 것이며, 한없이 슬프게 느껴질 것이다.

하물며 자식도 이러할진대, 후방에서 전방에 있는 자식을 걱정하는 부모의 심정은 이루 다 말할 수 없을 것이다. 군대에 가 있건 외국에 유학을 가 있건 간에, 피차 자식 걱정과 부모 생각으로 눈물이 앞을 가릴 때가 드물지 않을 것이다. 『한시외전(韓詩外傳)』에 실려 있는 다음 글은 이 같은 정서를 대변해준다.

"나무는 고요하려 해도 바람이 그치지 않고, 자식은 효도하려 해도 부모는 기다려주지 않는다.[樹欲靜而風不止 子欲養而親不待.]"

'나무는 고요하려 해도 바람이 그치지 않음'은 자식을 걱정하는 부모의 마음을 비유한 말이다. 자식이 많으면 부모의 마음은 더욱 걱정으로 가득할 것이다. 야속하게도 이러한 부모의 마음을 알 만한 나이가 되면 이 세상에 부모님은 계시지 않는다. 세월은 자식이 부모에게 효도할 때까지 기다려주지 않기 때문이다.

영고숙의 지혜로 이끈 효도의 길

고대 중국의 정(鄭)나라 때 장공(莊公, 기원전 743~기원전 701년 재위)

은 정백(鄭伯) 굴돌(掘突)과 정부인(正夫人) 강씨(姜氏) 무강(武姜) 사이에서 장남으로 태어났다. 그런데 어머니 무강은 장남인 오생(寤生)을 낳을 때 난산(亂産)으로 너무나 고생을 한 나머지, 장남을 미워하고 차남인 공숙단(共叔段)을 예뻐했다. 따라서 무강은 정무백의 뒤를 이어 공숙단이 임금이 될 수 있도록 갖은 애를 다 썼다. 그런데 결국 나중에 오생이 권좌에 올라 정나라 장공이 되었다. 그러자 무강은 장공에게 성화를 내며 정나라에서 가장 큰 경성(京城)을 공숙단에게 봉지(封地)로 주도록 강요하였다. 그러자 장공은 경성을 봉지로 내주었다.

무강의 총애를 입은 공숙단은 무강과 내통하면서 형인 장공을 제거하고 스스로 왕위에 오르고자 역모를 꾸미고 있었다. 이에 대신들이 역모는 빨리 진압해야 한다는 상소를 올리고 간언(諫言)했지만, 장공은 "불의가 지나치면 반드시 자멸하게 되어 있다"라고 하면서 좀 더 두고 보자는 태도를 보였다. 그러면서 어머니가 뉘우치기를 기다렸지만, 동생 공숙단은 밖에서 공격하고 어머니 무강은 안에서 도와 역모를 단행하기로 한 날짜가 정해졌음을 알자, 장공은 공자 여(呂)를 대장으로 삼아 이들을 토벌하였다. 결국 역모에 실패한 뒤 도망친 공숙단은 스스로 목숨을 끊었고, 장공은 어머니 무강을 영성(潁城)에 안치하면서 이렇게 맹서(盟誓)하였다.

"황천길에 들기 전에는 서로 만나지 않겠노라."

그러던 어느 날 충신 영고숙(穎考叔)이 이 소문을 듣고 장공에게 뵙기를 청하자, 장공은 좋은 음식을 가득 차려놓고 그를 맞이했다. 영고숙은 음식을 먹으면서 고기는 먹지 않고 한쪽에 모아두었다. 그러자 장공이 그 까닭을 물었다.

"왜 고기를 먹지 않고 모아두는가?"

영고숙은 멈칫하면서 말했다.

"소인에게는 어머니가 계시온데, 소인의 어머니는 모든 음식을 맛보았으나, 임금께서 하사하신 음식은 맛보지 못했기에 드리고자 해서입니다."

이에 장공은 한탄하며 말했다.

"그대에게는 음식을 갖다 드릴 어머니가 있는데, 나만 홀로 없구려!"

그러자 영고숙이 말하기를, "감히 여쭙습니다만, 무슨 말씀이신지요?"라고 하였다. 이에 장공은 어머니를 영성에 안치하고서 죽기 전까지는 다시 만나지 않겠다고 맹서한 사실을 말하면서 이를 후회하였다. 이 말을 들은 영고숙은 이렇게 말했다.

"임금께서는 무엇을 걱정하십니까? 만약 황톳물[黃]이 나오는 곳까지 샘[泉]을 파고 굴을 만들어 그곳에서 상봉하신다면 황천(黃泉)에서 만난 것이 되지 않겠사옵니까?"

이 말을 들은 장공은 기뻐하며 영고숙의 지혜를 따르기로 하였다.[『춘추좌전』「은공 원년」]

원원하는 효, 민자건의 효

유교가 표방하는 어른을 존경하는 마음, 즉 경장의식(敬長意識)을 시대에 맞게 현실적으로 적용하고, 경(敬)과 성(誠) 등의 정신을 수반하여 '효'를 담아낼 때, 세상은 행복한 삶의 모습을 띨 것이다.

굳이 허벅지 살을 떼어 내어 부모님께 고기를 맛보게 해드렸다는 비장한 효도를 21세기의 우리 시대에 기대하는 것은 무리이다. 그렇지만 이런 효도에 대해 한 번쯤 되새겨볼 만하다. 공자의 제자들 가운데 민자건(閔子騫)이라는 사람이 있었다. 그의 어머니는 추운 겨울날 자신이 직접 낳은 두 자식에게는 솜옷을 입혔지만, 의붓아들인 민자건 자신에게는 갈대옷을 입혔다. 수레를 타고 가던 중 추워서 벌벌 떨고 있

閔損單衣 列國 魯

「민손단의」 고사를 묘사한 그림

는 자신의 아들 자건의 모습을 본 아버지는 세 아들의 옷 상태를 점검하였다. 그러고는 즉시 집으로 돌아온 아버지는 새어머니를 대문 밖으로 쫓아냈다. 자식을 차별한 계모가 이루 말할 수 없이 야속했지만, 쫓겨나는 어머니를 본 자건은 아버지에게 이렇게 하소연하였다.

"어미가 계시면 한 아들만 추운데, 어미가 나가시면 세 아들이 떱니다."

민자건은 원래 이름이 손(損)이다. '자건(子騫)'은 그의 자(字)이다. 그의 효도에 관한 이 이야기는 '민손단의(閔損單衣)' 즉 '민손의 홑옷' 혹은 '민손로의(閔損蘆衣)'라는 고사로 전해지고 있다. 그의 부모와 동생에 대한 배려와 사랑은 유교가 지향하는 '하나 됨'의 참 모습이다. 산업화·감각화·정보화 시대를 맞아, 자칫 우리의 인간다운 삶이 박탈당하기 쉬운 시대에, 배려와 사랑의 효용성은 이루 다 헤아릴 수 없다. 서로를 배려하며 이른바 윈윈하는 효도는 사회 구성원 모두가 공존할 수 있는 이념이 될 수 있다.

공자의 제자들 가운데 '덕행'에는 안연(顔淵)·민자건(閔子騫)·염백우(冉伯牛)·중궁(仲弓)이, '언어'에는 재아(宰我)·자공(子貢)이, 정사(政事)에는 염유(冉有)·계로(季路)가, '문학'에는 자유(子游)·자하(子夏)가 뛰어났다고 한다. 이들 4과(科)에 뛰어났던 공자의 제자 열 명을 일컬어 '공문십철(孔門十哲)'이라고 한다. 이 사람들은 공자가 진(陳)나라와 채 (蔡)나라에서 매우 어려운 일을 당했을 때 따르던 사람들이기도 하다. 이 4과 가운데 '덕행'이 뛰어났던 인물들 중에 바로 민자건, 즉 민손 이 훌륭한 사람으로 손꼽히고 있다.[『논어』「선진」]

춤추고 노래하는 '효'의 나라

일찍이 한반도에 정착하여 살아온 우리의 조상들은 친족·가족 에 대한 정(情)이 남달랐다. 중국 사람들의 기록에 의하면, 우리 조상 들은 모두 한 곳에 정착해 살았다고 한다. 우리 조상이 먼 옛날부터 한 곳에 정착하여 농사지으면서, 자자손손 가정을 이루고 땅을 물려 주며 사는 모습을 기록하고 있다. 진수(陳壽)의 『삼국지(三國志)』(기원전 274년에 완성됨)「위서(魏書)」'동이전(東夷傳)'의 기록에 의하면, 부여(夫 餘) 사람들은 은나라의 책력대로 정월에 하늘에 제사를 지냈다. 온 나 라의 백성들이 며칠 동안 계속해서 먹고 마시며 춤추고 노래했는데, 이를 '영고(迎鼓)'라 한다. 길에는 밤낮으로 늙은이나 젊은이 할 것 없 이 모두가 노래를 불러, 그 소리가 잠시도 그치지 않았다. 전쟁이 나 면 또한 하늘에 제사를 지냈다. 이때 소를 잡아 그 발굽을 보고 길흉 을 점쳤는데, 굽이 풀어져 있으면 흉하고, 합쳐져 있으면 길하다고 여 겼다. 고구려는 언어 등 많은 것들이 부여와 같았다. 백성들은 노래와 춤을 좋아했으며, 나라 안 읍(邑)과 촌락에서는 밤이 되면 남녀가 모여서 노래하며 즐겁게 놀았다. 10월에는 하늘에 제사를 지내고, 나라 안의 모든 사람들이 큰 모임을 가졌다. 이것은 바로 '동맹(東盟)'이라는 것이다. 예(濊)의 언어와 법속은 대체로 고구려와 같았으나, 의복만은 달랐다. 10월이 되면 하늘에 제사를 지내고, 밤낮으로 술을 마시며 노래하고 춤을 추었다. 이를 '무천(舞天)'이라 했다. 마한(馬韓)은 5월에 파종이 끝나면 귀신에게 제사를 지냈다. 많은 사람들이 밤낮으로 떼를 지어 노래하고 춤추며 술을 마시면서 놀았다. 그들이 춤을 추는 모습은, 수십 명이 함께 일어나 서로 따라서 땅을 낮게 밟기도 하고 높게 밟기도 했는데, 손과 발이 서로 호응하여 그 절주(節奏)는 마치 중국의 탁무(鐸舞)와 같았다. 10월에 농사일이 끝난 뒤에도 또한 이와 같은 놀이를 즐겼다. 변한(弁韓)은 그 풍속이 가무와 음주를 좋아했으며, '슬(瑟)'이라는 악기가 있었는데, 그 모양이 중국의 '축(筑)'과 비슷했고, 그것을 탈 때에도 또한 음곡이 있었다.

술을 마시고 노래하며 춤추기를 좋아했다는 것은 우리 조상들이 가까운 혈족이나 가까운 이웃들과 모여서 서로 즐기는 것을 좋아했다는 것을 말해준다. 가정에서는 대대로 내려오는 전통이 있어, 할아버지와 할머니·아버지와 어머니·자식·손자로 이어지는 효의 윤리에 의해 화목하고 화기가 넘쳤으며, 이 효의 윤리가 국가 사회로 확대되어 늙은이와 젊은이 어린이로 이어지는 도덕률이 자연스레 확립

되었다.

고구려에는 남자가 여자의 집에 가서 혼례를 올린 뒤 그곳에서 일정 기간 동안 살았다. 자식을 한두 명 낳은 후에 자기 집으로 돌아갔던 것 같다. 이것을 '남귀여가(男歸女家)'라고 한다. 남자가 여자의 집으로 돌아간다는 뜻이다. 여기에서 돌아간다는 것은 시집을 간다는 것이다. 이른바 '데릴사위 제도'라는 결혼 풍속이 있었다. 남자는 처가살이를 하면서 아내의 조부모와 부모를 모시고, '아내의 부모를 내 부모로, 아내의 형제를 내 형제로 섬기고 사귀는' 생활을 여러 해 동안 하였다. 그리고 여자는 아이를 낳아 시댁에 온 뒤에는, 또한 남편의 부모와 형제를 자신의 부모와 형제로 여겼다. 이런 풍습은 비단 고구려뿐만 아니라 삼국 전역에 두루 퍼져 있었던 것으로 추정되며, 가정윤리 또한 이에 맞추어 효가 크게 강조되었다. 대가족 제도에서 노인의 생각은 생활의 지혜로서 그대로 가정생활에 반영되었다. 이로 인해 가족들은 어떤 어려움에 부딪치더라도 무난히 극복할 수 있었다.

이러한 전통적 사고를 반영하여 효행을 권장하는 글들이 『명심보감』에 많이 실려 있다. 이 책의 「계선편(繼善篇)」에는 이런 글이 있다.

"착한 일을 하는 사람에게는 하늘이 복으로써 갚고, 악한 일을 하는 사람에게는 하늘이 재앙으로써 갚는다."

착한 행실은 선량한 마음에서 나오고, 악한 행실은 악한 마음에서 나온다. 그러므로 착한 행실을 하려면 먼저 마음부터 선량하게 닦아야 한다. 또한 가정의 행복과 평화를 이룩해야 한다. 이는 부모를 효성으로 극진히 봉양하고, 형제간에 우애를 돈독히 할 때 이루어지는 것이다. 또한 부모에 대한 효성뿐 아니라 노인들을 공경할 줄 알고, 어린이들을 사랑해야 한다고 말하고 있다. 『명심보감』의 「효행편(孝行篇)」은 다음과 같은 여섯 문장으로 되어 있다.

"『시경』에서 말하고 있다. '아버지 나를 낳으시고 어머니 나를 기르셨으니, 아아 슬프다, 부모님이여, 나를 낳아 기르시느라고 애쓰고 수고하셨도다. 그 은혜를 갚고자 한다면, 저 넓은 하늘과 같이 끝이 없도다.'"

"공자께서 말씀하셨다. '효자가 부모를 섬길 때에, 기거하심에는 그 공경함을 다하고, 봉양함에는 그 즐거움을 다하고, 병이 드시면 그 근심을 다하고, 돌아가시면 그 슬픔을 다하고, 제사지냄에는 그 엄숙함을 다한다.'"

"공자께서 말씀하셨다. '아버지께서 명하여 부르시거든 머뭇거리지 말고 곧 '예' 하며 대답하고, 밥이 입 안에 있으면 뱉어 내야 한다.'"

"공자께서 말씀하셨다. '부모가 살아계시면 멀리 나가 놀지 않으며, 놀되 반드시 가는 곳이 있어야 한다.'"

"태공이 말했다. '내가 부모에게 효도하면 자식 또한 나에게 효도하나니, 내가 먼저 효도하지 않는다면 자식이 어찌 효도하리오.'"

"효순하는 사람은 다시 효순하는 아들을 낳고, 오역(忤逆 : 부모의 뜻을 거스름)하는 사람은 다시 오역하는 아들을 낳는다. 이 말이 믿어지지 않거든 단지 저 추녀 끝의 낙숫물의 보라. 방울방울 떨어져 조금도 어긋남이 없다."

효행에 관한 내용은 비단 「효행편」에만 있는 것은 아니라, 「존심편(存心篇)」에도 보인다.

"처자를 사랑하는 마음으로써 부모를 섬기면 그 효성이 극진할 것이요, 부귀를 보전하려는 마음으로써 임금을 받들면 충성 아닌 것이 없을 것이요, 남을 꾸짖는 마음으로써 자기를 꾸짖는다면 허물이 적을 것이요, 자기를 용서하는 마음으로써 남을 용서한다면 사귐을 온전히 할 수 있다."

　무릇 모든 사람은 자기의 아내와 자식을 끔찍이 사랑한다. 이처럼 자기의 아내와 자식을 사랑하는 마음으로 부모를 섬긴다면 아마 그는 세상에서 보기 드문 효자가 될 수 있을 것이다. 우리를 낳아 길러주시느라 온갖 고생과 근심을 다한 부모이다. 처자를 사랑하는 마음을 가지고 부모를 사랑하는 것이 부모의 은혜에 보답하는 하나의 방법이 될 수 있을 것이다. 『맹자』에는 이런 글이 있다.

　　"세속에서 이른바 불효(不孝)라는 것이 다섯 가지이니,

　　그 사지(四肢)를 게을리 하여 부모 봉양을 돌보지 않음이 첫 번째 불효요,

　　장기 두고 바둑 두며 술 마시기를 좋아하여 부모 봉양을 돌보지 않음이 두 번째 불효요,

　　재물을 좋아하며 처자(妻子)를 사사로이 사랑하여 부모 봉양을 돌보지 않음이 세 번째 불효요,

　　귀와 눈이 하고자 함을 따라 부모를 욕되게 함이 네 번째 불효요,

　　용맹을 좋아하고 싸우며 사나워서 부모를 위태롭게 함이 다섯 번째 불효다."[『맹자』「이루장구 하」]

가만히 생각해보면, 불효에 해당하는 다섯 가지 짓을 하나라도 하지 않는 자식은 거의 없는 듯하다. 우리 몸이 편안함을 추구하느라 부모를 게을리 돌보고, 놀기에만 바빠서 부모를 돌보지 못하며, 결혼을 한 뒤에는 물질을 아끼고 아내와 자식을 챙기는 데에 바빠 부모는 미처 거들떠보지 않는 경우가 많다. 또 우리의 이목구비가 욕망하는 것을 좇다가 오히려 부모를 욕보이는 경우도 있다. 거기에다 부모는 자식이 어디에 가서 싸움질에 휘말려 신체를 다치지나 않을까봐 늘 걱정하는데, 실제로 자식은 몸을 다쳐 부모의 주름살을 늘리는 경우도 있다. 이러한 것들이 모두 맹자가 말한 대표적인 불효의 사례들이다.

또 『명심보감』의 「훈자편(訓子篇)」과 「성심편(省心篇)」에는 "엄격한 아버지는 효자를 낳고, 엄격한 어머니는 효녀를 낳는다."라거나, "아버지가 근심하지 않는 것은 아들이 효성스럽기 때문이고, 남편이 번뇌가 없는 것은 아내가 어질기 때문이다."라는 글들이 있다.

『명심보감』 「효행편 속(續)」에 실린 몇 가지 이야기들을 보자. 여기에는 애틋한 효행을 실천한 사람들의 사례를 설화 형태로 엮어놓아 읽는 이들의 감동을 자아낸다. 가난한 손순(孫順)이 자식을 버리고 어머니를 봉양하려 했던 이야기, 상덕(尙德)이 넓적다리를 베어 부모를 공양한 일, 도씨(都氏)가 숯을 팔아 어머니를 위해 고기 반찬을 마련한 일과 여름에 홍시를 구해다 드린 이야기들은 자못 우리를 흐뭇하게 한다.

손순이 집이 가난하여 그의 아내와 더불어 남의 집에 품을 팔아 그 어머니를 봉양하였는데, 아이가 있어 언제나 어머니가 잡수시는 것을 빼앗는지라, 순이 아내에게 말하기를 "아이가 어머니의 잡수시는 것을 빼앗으니 아이는 또 얻을 수 있거니와 어머니는 다시 구하기 어렵습니다."라고 하였다. 마침내 아이를 업고 귀취산(歸醉山) 북쪽 교외로 가서 묻으려고 땅을 팠는데, 문득 매우 이상한 석종(石鍾)이 있어, 놀랍고 괴이하게 여겨 시험 삼아 두드려보니 소리가 멀리 퍼지며 사랑스러웠다. 아내가 말하기를, "이 기이한 물건을 얻은 것은 아마 아이의 복인 듯하니, 땅에 묻는 것은 옳지 못합니다."라고 하였다. 그러자 순도 그렇게 생각하여 아이와 종을 가지고 집으로 돌아와 대들보에 매달아놓고 이것을 쳤다.

임금이 종소리가 맑고 멀리 퍼지는 것을 듣고 이상하게 여겨, 그 사실을 자세히 물어서 알고는, "옛적에 곽거(郭巨)가 아들을 묻었을 때는 하늘이 금으로 만든 솥을 주셨는데, 이제 손순이 아들을 묻을 때는 땅에서 석종이 나왔으니 앞과 뒤가 서로 꼭 맞는다."라고 말하였다. 그러고 나서, 집 한 채를 주고 해마다 쌀 50석씩을 주었다.

손순은 신라 42대 흥덕왕 때의 효자라고 한다. 곽거는 후한(後漢) 때의 효자로, 늙은 홀어머니를 모시고 몹시 가난하게 살았는데, 어머니가 늘 밥을 덜어 그의 아들에게 주는지라, 자식 때문에 어머니가 배를 긇는 것을 슬퍼하였다. 그리하여 아들을 죽이기로 아내와 합의한 뒤 구덩이를 팠는데, 난데없이 금 솥이 나왔다고 한다. 이 글은 손순의 지극한 효성에 대한 하늘의 보답, 곧 지성감천(至誠感天)을 묘사하고 있다.

상덕(尚德)은 흉년이 들고 열병이 유행하는 때를 만나 부모가 굶주리고 병들어 거의 죽게 되자, 낮이나 밤이나 옷을 벗지 않고 정성을 다하여 위안하였으되, 봉양할 것이 없으면 넓적다리의 살을 베어 잡수시게 하고, 어머니가 종기가 나자 입으로 빨아 곧 낫게 하였다. 임금이 이 소식을 듣고 가상히 여겨 매우 후하게 물건을 하사하게 했으며, 그 마을에 정려문(旌閭門)을 세우고, 비석을 세워 이 일을 기록하도록 명했다.

상덕은 신라 때 사람으로 효성이 지극했다 한다. 여기에서 정(旌)은 '정려(旌閭)하다'라는 뜻이다. 정려는 충신·효자·열녀 등을 표창하기 위하여 그들이 살던 고을의 집 앞에 정문(旌門), 곧 붉은 문을 세우는 것이다. 이 글도 '상덕의 효성'을 통해, 어버이를 지극히 정성껏 모실 것을 장려하고 있다.

도씨(都氏)는 집안이 가난했지만 효성이 지극했다. 숯을 팔아 고기를 사서 어머니의 반찬을 빠짐없이 공양하였다. 하루는 장을 보고

늦어서 바삐 돌아오는데, 솔개가 갑자기 고기를 낚아채어 가자 도씨가 슬피 울면서 집에 돌아와 보니, 솔개가 이미 고기를 집안 뜰에 던져놓고 갔다. 또 하루는 어머니가 병이 났는데, 제철이 아닌 홍시를 먹고 싶다고 하자, 도씨가 홍시를 구하기 위해 감나무 숲을 돌아다니느라 날이 저문 것도 모르고 있었다. 이때 호랑이가 나타나 여러 번 앞길을 가로막으면서 등에 올라타라는 시늉을 했다. 그리하여 도씨가 호랑이를 타고 백여 리나 떨어진 산동네에 이르러, 인가(人家)를 찾아 하룻밤 묵기로 했다. 잠시 후 집주인이 제삿밥을 차려주었는데 거기에 홍시가 있었다. 도씨는 기뻐하며 홍시의 내력을 묻고, 또 자신의 처지를 말하자, 집주인이 대답하기를, "돌아가신 아버지께서 감을 즐기셨으므로 해마다 가을에 감을 200개 골라 굴 안에 감추어 두었는데, 이 5월에 이르면 완전한 것이 7, 8개에 지나지 않았습니다. 그런데 지금 온전한 것을 50개나 얻게 되어, 마음속으로 이상하게 여겼더니, 이것은 하늘이 그대의 효성에 감동한 것입니다."라고 하면서 20개를 도씨에게 주었다. 그리하여 도씨가 집주인에게 사례하고 문밖에 나오니, 호랑이가 아직도 엎드린 채 기다리고 있었다. 다시 그 호랑이를 타고 집에 돌아오니 새벽닭이 울었다. 그 후 어머니는 하늘이 준 수명이 다하여 세상을 떠나자, 도씨는 하염없이 눈물을 흘렸다.

이황이 권하는 효

퇴계 이황(李滉, 1501~1570년)은 태어난 지 일곱 달 만에 아버지를 여의었다. 뒷날 이황은 이를 자신의 불효라 했거니와, 열두 살 때 숙부인 이우(李堣)로부터 『논어』를 배울 때 "들어가면 효도를 다하고, 나가면 공경한다."라는 글귀를 보고는, 아버지를 모시지 못하는 것에 대해 한탄하기도 했다. 그리고 스스로 경계하여 말하기를, "사람의 아들 된 도리가 마땅히 이와 같아야 할 것이다."라고 했다.

그는 『효경』 공부를 학문에 들어가는 길로 삼았다. 자손을 가르치는 데에서도 마찬가지였다. 그의 제자인 김성일의 말을 빌리면, 그가 "자손을 가르치는 데는 반드시 『효경』과 『소학』 따위를 먼저 하였다. 그래서 글의 뜻을 대강 알게 된 뒤에는 4서를 익히는데, 이렇게 차례를 따랐으며 함부로 뛰어넘지 않았다."라고 한다. 그는 「무진육조소(戊辰六條疏)」에서 "효는 백 가지 행실의 근원이 되는 것이니, 한 가지 행실이라도 어그러짐이 있으면 순수한 효가 될 수 없으며, 인(仁)은 만 가지 선(善)의 으뜸이 되는 것이니, 한 가지의 선이라도 갖추지 못하면 인은 온전한 것이 될 수 없다."라고 하였다. 그는 「수신십훈(修身十訓)」에서, "가정에 머물러 있을 때에는 어른에게 극진히 효도하고, 형에게 극진히 공손하여, 윤리를 바로 세워 나가되, 늘 은혜와 사랑을 돈독히 하여야 한다."라고 주장했고, 「예안향약문(禮安鄕約文)」에서는 "효(孝)와 제(悌)와 충(忠)과 신(信)이 사람으로서 지켜가야 할 도리의 근본이다."라고 말했다. 그는 『성학십도』의 「인설도(人說圖)」에서 '인'의 본질과 작용, 곧 사랑의 각도에서 '효'를 권장하는 글을 이렇게 소개하고 있다.

대개 공평이 곧 인이고, 인이 곧 사랑이니, 부모에게 효도하고 형에게 공손함은 그 쓰임의 측면이요, 남을 포용하는 것은 베풂의 측면이요, 지각은 곧 앎에 관한 일이다.

주자는 이렇게 말하였다. "천지의 마음에는 그 덕이 네 가지가 있으니, 원(元)·형(亨)·이(利)·정(貞)이라 한다. 그런데 그 운행에는 원이 통하지 않는 것이 없다. 그것들이 운행하면 봄·여름·가을·겨울이 순환하는데, 여기에서도 봄의 생동하는 기운은 통하지 않는 것이 없다. 그러므로 사람 마음의 됨됨이에도 덕이 네 가지가 있으니, 인(仁)·의(義)·예(禮)·지(知)라 한다. 그런데 그 쓰임을 드러냄에는 인이 포괄하지 않는 것이 없다. 그것들이 표현되어 사랑·공손·마땅함·분별의 감정이 되는데, 여기에서도 측은히 여기는 사랑의 마음이 관통하지 않는 것이 없다.

대개 인이 도리가 된다는 의미는, 인이 천지가 만물을 낳는 마음이 된다는 것이다. 온갖 사물에 나아가 감정이 표현되기 전에 이 본질적 이치인 인은 이미 갖추어져 있고, 감정이 이미 표현되었으면 그 쓰임은 그치지 않는다.

진실로 이것을 체험하여 보존하면 여러 선의 샘과 온갖 행동의 근본이 다 여기에 있다. 이것이 공자가 문하생 교육에서 반드시 제자들로 하여금 인을 좇는 데 정신을 쏟게 한 이유였다.

공자가 말씀하기를, '자기만의 사사로운 욕심을 이겨내어 예절의 마음 상태로 돌아가는 것이 인을 실천함이다.'라고 하였다. 이것은 자기의 욕심을 이겨내고 자연의 이치인 예절을 지키려는 마음 상태로 돌아가면, 마음의 본질이 그대로 있지 않음이 없고, 마음의 쓰임이 착하게 실천되지 않는 일이 없음을 말한 것이다.

또 공자는 '일상생활에서는 공손한 태도로, 일할 때는 우러러보는 공경의 태도로, 다른 사람과 함께할 때는 나의 진심을 다한다.'라고 하였다. 이것 역시 착한 나의 마음을 보존하는 방법이다. 또 공자는 '어버이를 효성으로 섬기고, 형을 공손하게 모시며', '사람과 사물을 접할 때는 포용하는 뜻으로 한다.'라고 하였다."

이황이 권하는 효는 그의 『성학십도』 가운데 「서명도(西銘圖)」에 잘 나타나 있다. 우리는 앞에서 이미 이 점을 살펴보았다.

이이가 권하는 효

이이(李珥, 1536~1584년)는 어려서부터 부모에 대한 효성이 지극했으며, 형제간에 우애가 돈독했다. 마흔 살이 되던 해에 수신(修身), 제

가(齊家), 치국(治國), 평천하(平天下)에 관한 중요한 방도를 담은 『성학
집요(聖學輯要)』(성인이 되기 위한 학문에서 요긴한 것들을 모아 놓은 책)를 선
조에게 올려, 우선 국왕부터 성군이 될 것을 강조하였다. 그는 해주
(海州) 석담(石潭)에 가서 종족을 모두 모아놓고 함께 살면서 서로 경계
해야 할 훈사(訓辭)인 「동거계사(同居誡辭 : 한 집에 사는 사람들끼리 서로 조
심해야 할 것에 관한 말씀)」를 지었다.

"형제가 부모의 몸으로써 나누어 태어났으니 한 몸과 같다. 서
로 사랑하여 조금도 내 것 남의 것 하는 마음을 갖지 말고 진실로
사랑하며 살지어다."

이 「동거계사」에서는 가족이 화기애애하게 함께 모여 즐겁게 지
내면서 가져야 할 마음가짐 등을 말하고 있다. 제사지내는 마음을 가
장 정성스럽게 하고, 마음을 극진하게 가져 아무쪼록 귀신이 흠향하
게 해야 한다고 말하기도 하였다. 젊은 사람으로서 어버이를 봉양하
는 이는 어버이를 향한 마음을 옛 성인이 가르친 대로 해야 효도를 이
룰 수 있다는 말도 빼놓지 않았다.

이이는 어린이들의 교육을 위해 만든 『격몽요결(擊蒙要訣)』[「사친장
(事親章)」]에서도 효를 매우 강조하였다.

사람들은 부자간에 대부분 사랑이 공경보다 지나치니, 반드시 모름지기 옛 습관을 통렬히 씻어내고 존경을 극진히 하여야 한다. 부모가 앉고 누우시는 곳에는 자식이 감히 앉거나 눕지 않으며, 부모가 손님을 접대하시는 곳에는 자식이 감히 사사로운 손님을 접대하지 않으며, 말을 타고 내리시는 곳에는 자식이 감히 말을 타고 내리지 않아야 한다.

부모의 뜻이 만일 의리에 해로운 것이 아니면, 마땅히 부모의 뜻을 받들어 순종하여 조금이라도 어기지 말 것이요, 만일 의리에 해로운 것이면 기운을 온화하게 하고 얼굴빛을 화하게 하며 음성을 부드럽게 해서 간하고, 반복하여 아뢰어 반드시 들어 따르게 하기를 기약하여야 한다.

부모께서 병환이 있으시거든 마음으로 근심하고 얼굴빛을 누그러뜨려 다른 일은 버려두고 다만 의원에게 묻고 약을 짓는 일에 힘쓸지니, 병이 그치시거든 처음 하던 일을 회복할 것이다.

일상생활을 하는 사이에 잠깐이라도 부모를 잊지 않은 뒤에야 효도한다고 말할 수 있으니, 몸가짐을 삼가지 않으며 말 표현이 법도가 없어 장난으로 세월을 보내는 자는 모두 부모를 잊은 자이다.

세월이 흐르는 물과 같아서 어버이 섬기기를 오래 할 수 없다. 그러므로 자식 된 자는 모름지기 정성을 다하고 힘을 다하여, 미치지 못할 듯이 하여야 한다. 옛 사람의 시(詩)에 이르기를, "옛날 사람은 하루 부모를 봉양하는 것을 삼공[三公 : 중국·한국·일본 등의 동아시아 국가들에서 근대 이전에 세 개의 최고 대신(大臣)의 관직]의 벼슬과도 바꾸지 않는다."라고 하였으니, 이른바 날짜를 아낀다는 것이 이와 같다.

또한 이이는 부모에게 불효하거나 부모를 구타하거나 떠밀어 넘어뜨리는 행위를 '대과악'이라고 하였다. 부모에게 낯을 붉히며 대드는 행위, 순종하지 않는 행위, 봉양하지 않는 행위, 제사를 엄숙하게 지내지 않는 행위, 부모 앞에서 단정하게 앉지 않고 걸터앉거나, 소나 말을 타고 가다가 부모를 뵙고도 내리지 않는 행위에 대해서도 꾸짖는 등, 부모에 대한 애틋한 보살핌을 권장하였다.

제3장

배려의 마음가짐, 경(敬)

1. 어떻게 배려할 것인가
2. 홀로 향기를 내는 난초처럼
3. '경' 으로 주재하는 마음
4. 일상생활과 공경의 삶

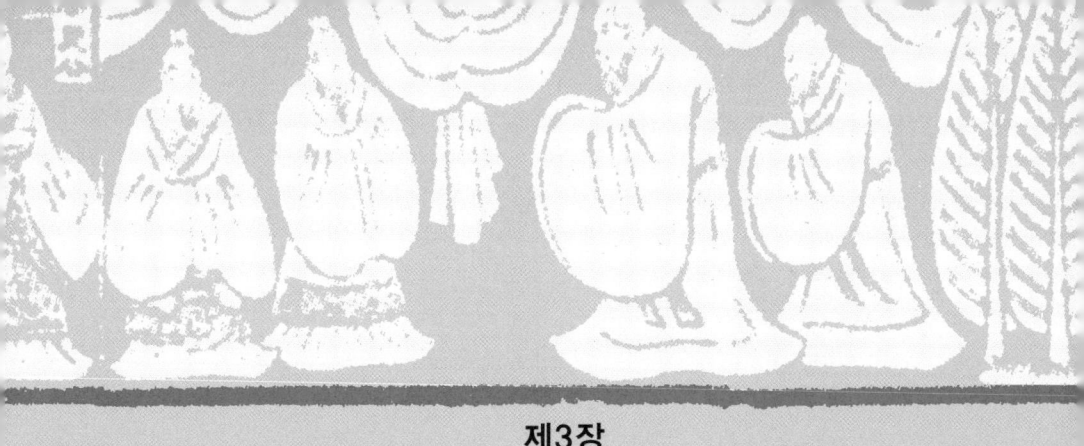

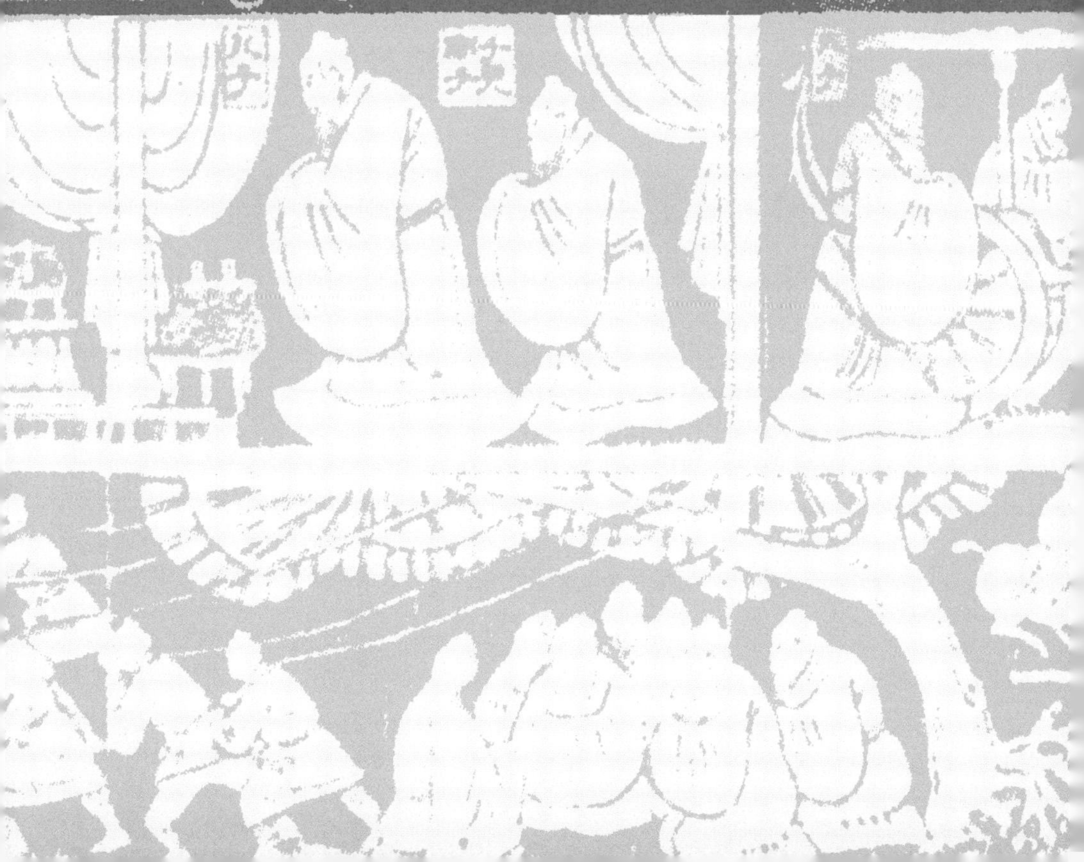

1. 어떻게 배려할 것인가

모범생의 수양법

배려, 즉 '仁(인)'이란 사람이다. 앞에서도 말했듯이 '仁'이라는 글자는 人[사람]과 二[둘]의 결합으로 이루어졌다. 따라서 인이란 두 사람 사이의 원활한 관계를 나타낸다고 해도 틀리지 않다. 그리고 두 사람은 '나'와 '남'을 말한다. '나' 이외의 '남'을 원만하게 만나는 것, 이것이야말로 배려 가운데 하나이며, 이는 자기 절제, 자기 손해, 타자에 대한 이바지 등을 통해 가능하다. 유학에서는 이런 일을 '군자'가 해줄 것으로 기대하였다. 군자란 대인·성인·대장부 등으로도 표현할 수 있는 모범적인 인간을 말한다.

그런 훌륭한 사람, 즉 '군자'란 어떤 사람인가?

남을 사랑하기 위해 나의 몸을 닦는 공부에 착수하는 사람을 공자는 '군자'로 여겼다. '군자'는 몸 닦음을 '공경'으로 하기 때문에 조금도 게으르거나 조심스럽지 않을 때가 없다. 욕심으로 인해 진정으로 그가 실천해야 할 이치가 막히는 일이 없다. 공경이라는 것은 움직임과 고요함을 겸하고, 안과 밖을 합하고, 위와 아래에 일관되어, 집을 가지런히 하고, 나라를 다스리고, 천하를 편하게 하는 근본이다. 어느 날 자로가 군자에 대하여 묻자, 공자는 이렇게 말했다.

"경으로 몸을 닦는다."

"이와 같을 뿐입니까?"

"몸을 닦아서 사람을 편안하게 한다."

"이와 같을 뿐입니까?"

"몸을 닦아서 백성을 편안하게 하니, 몸을 닦아서 백성을 편안하게 하는 것은 요·순도 오히려 부족하게 여기셨다."[『논어』「헌문」]

일에 임할 때에 경솔한 마음이 없고, 사람을 대할 때도 속이지 않으며, 재물을 사치스럽게 쓰지 않으며, 사람을 대할 때 친절하게 하는 일이 중요하다. 이런 방법으로 사람을 편안하게 해주는 자세가 필요하다. 이것을 '수기이경(修己以敬)'이라고 한다. 그런데 자로가 이것을 깨닫지 못하고 대수롭지 않게 여겼다. "군자의 도가 큰데, 겨우 이와 같을 따름입니까?"라고 말했다. 이에 공자는 다시 말했다.

"내 몸 이외에 사람이 있으니, 내 몸으로 사람을 보면 나의 도가 곧 저 사람의 도이다. 과연 공경이 지극함에 이르러서, 고요 속에 마음 비우고, 움직일 때 곧아서 베푸는 것이 이치에 합당하지 않는 것이 없다. 한결같은 공경에 채운 바가 자연히 만물에까지 미치니, 비록 사람을 편안히 하는 것도 이것을 벗어나지 않는다."[『논어』「헌문(憲問)」]

남을 대하는 태도가 지극히 공경스럽고, 하는 일이 이치에 합당하면, 그런 공경은 사물이나 일에 큰 영향을 미치지 않을 수 없다. 사람을 편안하게 하는 것도 여기에서 벗어나지 않는다. 그런 까닭에 몸을 닦아서 남을 편안하게 하는 공이 지극히 크기 때문에, 옛날의 모범적인 지도자로 여겨졌던 요임금이나 순임금 같은 사람조차도 마음속으로는 오히려 이것을 잘하지 못할까봐 걱정하였다. 수양하기를 공경으로써 하면 참으로 세상을 구하는 군자가 될 수 있다.

사람이 문밖에 나가서 사람을 대할 때에는 공경하기를 큰 손님 보는 것같이 하여 '조심조심' 한다면, 훌륭한 사람이 되고도 남을 것이다. 만약 정치 지도자라면 힘없는 국민을 소홀히 하기 쉬운데, 국민을 공경하기를 큰 제사를 받들 듯이 하고, 자신이 싫어하는 것이라면 남들도 싫어할 것이므로, 그런 것을 남에게 베풀지 않으려는 마음이 여기저기서 드러난다면, 그런 세상은 얼마나 살기 좋은 곳일까? 부유하고 장수하며 편안한 것은 사람마다 원하는 것이고, 죽고 망하고 가난하고 괴로운 것은 사람마다 싫어하는 것이다. 하고자 하는 것은 다른 사람과 같이 하고, 싫어하는 것은 다른 사람에게 베풀지 않는 것이 곧 내 마음을 바깥으로 확장하는 것이다.

사람이 마음 자세를 이와 같이 하면 사사로운 마음이 머물 곳이 없을 것이므로, 덕이 온전하여 그 자체로 인을 이룰 것이다. 그렇게 되어 그 효험이 나라에서 나타나면 나라 사람들이 원망하지 않을 것이고, 집에서 나타나면 집 사람이 원망하지 않을 것이다. 이것이 바로 내가 하는 공부에서 비롯된 효험일 수 있다. 만일 그렇지 못하면 내 공부가 충분하지 못한 것이다. 그런 뜻에서 공자는 중궁(仲弓)에게 이렇게 말했다.

"문을 나갔을 때에는 큰 손님을 뵌 듯이 하며,
백성에게 일을 시킬 때에는 큰 제사를 받들 듯이 하고,
자기가 하고자 하지 않는 것을 남에게 베풀지 말아야 하니,
이렇게 하면 나라에서도 원망함이 없으며, 집안에서도 원망함이 없을 것이다."[『논어』「안연」]

공자는 제사를 지낼 때도 정성스럽게 지낼 것을 당부한 적이 있다. 선조에게 제사를 지낼 때 효도의 마음을 순전하고 독실하게 하여, 비록 이미 세대는 멀리 떨어져 있지만 추모하는 자세는 선조의 소리와 얼굴을 접할 수 있는 것처럼 하며, 다른 귀신에게 제사를 지낼 때는 그 정성과 공경을 다하여 신령이 위에 있는 것처럼 해야 한다고 말했다. 공자는 제사를 지내되 조상이 와 있는 듯이 하며, 신을 제사지내되 신이 옆에 있는 듯이 하라고 했다. 그런 뜻에서 역시 공자는 이렇게 말했다.

"내가 제사에 참여하지 못하면 제사를 지내지 않은 것과 같다."
[『논어』「팔일」]

제사에는 반드시 직접 참여하여야 한다. 만일 사정이 있어서 자신이 직접 참여하지 못하면, 제례는 비록 이미 행했더라도 마음이 흡족하지 못하여 제사를 지내지 않은 것과 같다. 조상이 와 계시는 것처럼 정성스럽게 마음으로부터 임해야 한다.

사실 제사란 돌아가신 부모에 대해 못 다한 정을 자식이 풀어내는 것이다. 그것은 효도 가운데 하나이다. 공자는 "살아 계시면 예(禮)로 섬기고, 돌아가시면 예로 장사지내고, 예로 제사지내는 것이다."[『논어』「위정」]라고 하였다. 살아계실 때 섬기고, 돌아가셨을 때

예의를 갖춰 장사지내고, 정성껏 제사지내는 것은 부모에 대한 자식의 도리이다.

　그런데 중요한 것은 정성이다. 부모에게 효도하고자 할 때, 마음은 비록 끝이 없지만 형편상 그렇게 안 되는 경우도 많다. 주어진 분수에 맞게 형식상으로만 부모를 모시거나 장례를 치르거나 또는 제사를 지내는 것은 효도의 길이 아니다. 예를 들어 부득이 해외에 나가 있거나 여행 중이라면, 거기에 걸맞게 부모 모시기를 하면 된다. 부모 모시기를 '돈'으로만 해결하고, 찾아뵙지도 않으면서 제사를 지낸답시고 직접 만들지도 않은 음식을 상에 올리는 것 같은, '마음 없는 부모 모시기'를 우리가 경계해야 한다.

　예를 갖추되 자기의 분수에 맞고 형편에 어울리게 하여, 온갖 정성을 쏟는다면, 그것이야말로 살아계신 부모나 돌아가신 조상이 바라는 바일 것이다.

'배우고' '생각하기'

　유학에서 배움이란, 군자가 되기 위함이다. 군자란 세상을 구할 모범적 지도자를 말한다. 그런 지도자는 일단 많이 배워야 한다. 배움을 통해 자기 수련을 실천하고, 그런 다음에 세상에 나가야 한다.

　세상에 나가서는 무엇을 해야 할까? 정치를 해야 한다. 요즘 우리는 정치를 매우 부정적인 것으로 여긴다. 하지만 정치는 원래 '세상을 바르게 하는 것'이다. 정치를 뜻하는 '政(정)'은 '올바름'이다. 공자는 "政者, 正也.[정치는 올바름이다.]"[『논어』 「안연」]라고 하여, 정치는 올바름을 가지고 백성을 통솔하는 것이라고 하였다. '정치' 자체가 올바름이고, 정치가 미치는 곳은 '올바른 상태'로 된다. '政'이라는 글자는 '正(정 : 올바름)+文(문 : 꾸밈, 문장, 형식, 절차)'로 이루어져 있으니, 이를 '올바름의 절차'·'올바름의 형식'으로 풀이할 수 있다. 따라서 정치는 원래 오늘날 우리가 생각하는 것처럼 나쁜 것이 아니다.

군자란 바로 그런 올바름을 이 세상에 실현하는 지도자다. 지도자의 위치에 있는 사람이나 지도자를 꿈꾸는 사람의 배움은 완벽하고 투철해야 한다. 자료의 습득, 곧 '학(學 : 학문)'뿐만 아니라 '사(思 : 사색)' 또한 중요하다. 객관적 자료의 습득도 중요하지만, 그에 못지않게 걸러내는 일이 뒤따르지 않으면 안 된다. 늘 배우고, 배운 것이 제대로 배운 것인지를 생각해야 한다. 어른들은 때때로 "잘못 배웠어!"라고 말할 때가 있다. 이 말은 배운 것에 대한 성찰이 뒤따르지 않아서, 그 사람의 삶의 과정에서 인격적 결함이나 배운 지식의 한계가 드러날 때 하는 표현이다. 공자는 이런 뜻에서 다음과 같이 말했다.

"배우고 생각하지 않으면 어두운 지식이고, 생각만 하고 배우지 않으면 위태롭다."[『논어』 「위정」]

어두운 지식은 없는 것만 못하다. 객관성이 담보되는 학문과 주관적 성찰이 따르는 배움의 과정을 공자는 중요시했다. 이를 '학사겸전(學思兼全 : 학문과 사고를 아울러 완전하게 함)'이라 한다. 배움뿐만 아니라 생각을 완벽하게 겸해야 한다. 물론 '학'은 우리들의 공부이고, '사'는 사색이다. 서구의 근대 과학적 방법에 대해 말할 때 자주 언급되는, "나는 생각한다. 그러므로 나는 존재한다."라는 데카르트의 명언에 있는 '생각한다'라는 말과 뜻이 크게 다르지 않은 '사색'을 유학은 매우 중요시한다.

이황은 이처럼 배움과 생각을 겸하는 학문 방법을 계승하여 발전시켰는데, 배움이라는 것은 어떤 것을 익혀 참된 실천에 이르기 위한 것이다. 이황은 '배움'과 '생각'을 겸비하여 진행할 것을 당부했다. 그는 다음과 같이 말했다.

"배운다는 것은 그 일을 익혀 참으로 실천하는 것을 이르는 것입니다. 대개 성인의 학문은 마음에서 구하지 않으면 어두워져 얻는 것이 없으므로, 반드시 생각하여 그 미묘한 이치에 통해야 하고, 그 일을 익히지 아니하면 위태로워 불안하므로, 반드시 배워서 실천해야 합니다. 그리하여 생각과 배움이 서로 분명하게 드러나고, 서로 돕게 해야 합니다. 원컨대 밝으신 임금께서는 이 이치를 깊이 살피시어, 먼저 뜻을 세워 '순(舜)은 어떤 사람이고 나는 어떤 사람인가? 노력하면 이렇게 된다.'라는 생각으로 분발하여 배움과 생각에 힘쓰시기를 바랍니다."[『퇴계집』권7, 「진성학십도차」]

여기에서 성인이란, 정치 지도자를 말한다. 그런 점에서 군자와 다르지 않다. 정치 지도자는 인격적으로 완벽해야 한다. 우리가 말하는 성인이어야 한다. 그런 사람이 아니면 정치 지도로서 자격이 없다고 옛날 사람들은 믿었다. 으레 왕을 성인이라 부르기도 했지만, 실은 '안으로는 성인 같은 인격을 갖추었고, 밖으로는 왕 노릇을 하는 완벽한 사람' 곧 '내성외왕(內聖外王)'일 때 우리는 성왕(聖王)이라고 불렀다. 그런 사람은 학문을 할 때 마음에서 구하지 않으면 어두워져 얻는 것이 없으므로, 반드시 생각하여 그 미묘한 이치까지 통해야 하고, 그 일을 익히지 않으면 위태로워 불안하므로, 반드시 배움을 통해 실천해야 한다. 진리 탐구에서 배움과 사고작용이 서로 분명하게 드러나게 해주고 보완해주는 과정이 필요하다고 이황은 말한 것이다. 배운다는 것은 우리의 마음 밖의 객관적 사실에 대해 아는 것이고, 사고한다는 것은 그 배운 사실이 과연 참된 것인가를 성찰하는 것이다.

모범생의 아홉 가지 생각

'학사겸전'을 말한 공자는 '군자의 아홉 가지 생각'을 우리들에게 말해주었다. 군자란 '모범적인 학생' 또는 '모범적인 생활인'으로 풀이해도 틀리지 않다. 언젠가 우리 모두가 세상을 구할 훌륭한 사람, 세상을 선도하는 지도자의 임무를 지니지 않으면 안 되기 때문이다.

우리들의 생각에는 항상 사악함이나 간사함이 없어야 한다. 이를 '사무사(思無邪)'라고 한다. 그런 해맑은 마음으로 늘 우리 자신을 되돌아보는 것이 좋다. 오랜 사색의 시간을 갖지 않을 경우 섣부른 견해에 불과할 때가 많고, 올바른 견해를 얻었다 하더라도 일정한 시간이 흐르면 별로 의미가 없는 것이 될 수도 있다. 중요한 것은 묵묵히 보다 큰 성과를 얻기 위해 기다리는 것이다. 남에게 자신의 존재감을 드러내기 위하여 괴상한 주장이나 논리를 펴서 괜히 해괴망측하다는 얘기를 들을 필요가 없다.

그러면 '군자의 아홉 가지 생각'을 익혀 우리의 몸과 마음을 단속하는 본보기로 삼아보자.

- 시사명(視思明) : 봄에는 밝음을 생각하며,
- 청사총(聽思聰) : 들음에는 귀 밝을 것을 생각하며,
- 색사온(色思溫) : 얼굴빛은 온화할 것을 생각하며,
- 모사공(貌思恭) : 외모는 공손할 것을 생각하며,
- 언사충(言思忠) : 말은 충성스러울 것을 생각하며,
- 사사경(事思敬) : 일은 경건히 할 것을 생각하며,
- 의사문(疑思問) : 의심스러운 때는 물을 것을 생각하며,

- 분사난(忿思難) : 분할 때는 뒷일이 어려울 것을 생각하며,
- 견득사의(見得思義) : 이득을 보면 의로움을 생각한다.[『논어』「계씨」]

위의 내용을 소리 내어 외워보는 것도 재미있겠지만, 그 의미를 더 자세히 알아보는 것은 참된 지식으로 만드는 한 가지 방법이 될 수 있을 것이다.

- 視思明 : 봄에는 밝음을 생각하며,
즉 사물을 관찰할 때 또랑또랑하고 명백하게 할 것을 생각한다.

- 聽思聰 : 들음에는 귀 밝을 것을 생각하며,
즉 어떤 일이 닥치면 확실하게 빼놓지 않고 전부 잘 들을 것을 생각한다.

- 色思溫 : 얼굴빛은 온화할 것을 생각하며,
즉 얼굴색을 온화하고 화기애애하게 할 것을 생각한다.

- 貌思恭 : 외모는 공손할 것을 생각하며,
즉 자세를 단정하고 장엄하며 공순(恭順)하게 할 것을 생각한다.

- 言思忠 : 말은 충성스러울 것을 생각하며,

즉 말에 성실과 신의를 담을 것을 생각한다.

- 事思敬 : 일은 경건히 할 것을 생각하며,

즉 어떤 일을 할 때에는 신중하고, 자기 자신에게 겸허하고, 남을 우러러보는 태도로 임할 것을 생각한다.

- 疑思問 : 의심스러운 때는 물을 것을 생각하며,

즉 어떤 일에 대해 잘 모르면, 반드시 묻고 마음을 비워 가르침을 구할 것을 생각한다.

- 忿思難 : 분할 때는 뒷일이 어려울 것을 생각하며,

즉 이성으로 분노를 억제해야 하며, 만약 그러지 못할 경우 다가올 경우의 일을 고려한다.

- 見得思義 : 이득을 보면 의로움을 생각한다.

즉 재물을 얻을 일이 있을 때에는 의리에 합당한가를 생각한다. 이것은 '견리사의(見利思義)'와 같다.

모범생의 아홉 가지 용모

　이이는 "공부하는 사람은 반드시 진실한 마음으로 목표를 향하며, 세속의 잡된 일로 자신의 뜻을 어지럽히지 않은 다음에야, 학문을 함에 기초가 있게 된다."라고 『격몽요결』[「지신장(持身章)」]에서 말했다. 공자가 "충(忠)과 신(信)을 중심으로 삼아야 한다."라고 한 것에 대하여, 주희가 "이것은 사람에게 충과 신이 없으면 하는 일이 모두 진실함이 없어서, 악(惡)을 저지르기는 쉽고, 선(善)을 실천하기는 어렵다. 그러므로 반드시 이를 중심으로 삼아야 한다."라고 말한 것을 상기시키면서, 반드시 충과 신을 중심으로 삼고, 용감하게 공부에 착수한 다음에야 성취를 이룰 수 있을 것이라고 말했다.

　'충'은 우리들의 '마음속'이니, 즉 '진실한 속마음'을 가리킨다. '신'은 '진실 그 자체'이다. 고전들에서는, 마음을 진실하게 하고 모든 노력을 기울여 공부할 것을 가르치고 있는데, 이이는 우리가 "반드시 항상 일찍 일어나고 밤늦게 자며, 의관을 반드시 바르게 하고, 얼굴빛을 반드시 엄숙하게 하며, 두 손은 모으고 무릎을 꿇고 앉으며, 걸음걸이를 편안하고 조심스럽게 하며, 언어를 신중히 하며, 일동일정(一動一靜)을 가볍고 소홀히 하여 구차스럽게 지나쳐 버려서는 안 된다."라고 지적하였다. 그러면서 이러한 몸단속과 마음가짐을 위해서는 '구용(九容)'이 가장 절실하고, 학문을 전진시키고 지혜를 보태기 위해서는 '구사(九思)'가 매우 절심하다는 점을 우리에게 말해주었다.

이 구용은 『예기』[「옥조(玉藻)」]에 실려 있다. 『논어』에 있는 '구사(九思)'에 대해서는 이미 앞에서 살펴보았으므로, 이제 '구용'에 대해 살펴보자.

- 족용중(足容重) : 발의 움직임을 무겁게 하고,
- 수용공(手容恭) : 손의 모양을 공손히 하고,
- 목용단(目容端) : 눈의 모양을 단정히 하고,
- 구용지(口容止) : 입은 꼭 다물고,
- 성용정(聲容靜) : 목소리는 조용히 하고,
- 두용직(頭容直) : 머리는 곧게 세우고,
- 기용숙(氣容肅) : 숨쉬기는 조용하게 하고,
- 입용덕(立容德) : 서 있는 모양은 덕스럽게 하고,
- 색용장(色容莊) : 얼굴 모양은 장엄하게 한다.

『중용』은 우리에게 우주 자연의 존재 원리로서 성(誠)을 제시하였다. 만물이 살아서 존재하고 우리들이 하는 일이 성공할 수 있으려면 정성이 필요하다고 말하였다. 율곡 이이는 이러한 의미에서 '구용'을 말했다. 매사에 깍듯한 정성과 자세가 요구된다는 것이다. 삶의 과정에서 필요한 정성스러운 실천을 권장한 것이다. 나를 성공으로 이끌고 남도 성공으로 이끌 수 있는 수단으로, 정성을 말한 것이다.

"정성스럽지 않으면 아무것도 되는 일이 없다."[『중용』 25장]

이 말은 '불성무물(不誠無物)'을 풀이한 것이다. 거꾸로 말하면, 정성을 쏟으면 못 할 일이 없다는 뜻이다. 또 '지성감천(至誠感天)'이라고 했다. 지극한 정성을 쏟으면 하늘도 감동하여 도와준다는 것이다. 우주만물의 존재 근원인 자연이 감동하여 나의 모든 일을 도와준다는 뜻이다. 이러한 마음 상태를 담아낼 때, 그 모습이 바로 '구용'이 아닐까 생각해본다. '구용'에 대해 더 자세히 알아보자.

• 足容重 : 발의 움직임을 무겁게 하고,

즉 걸음걸이를 사뿐하면서도 무겁게 하여 경거망동(輕擧妄動)하지 않는 것이다. 어른 앞에서 종종걸음으로 걸을 때에는 이 조목에 구애받지 않아도 된다.

• 手容恭 : 손의 모양을 공손히 하고,

즉 손을 함부로 늘어뜨리지 않는 것이다. 일이 없을 때는 마땅히 단정히 손을 모으고 함부로 움직이지 않는다.

• 目容端 : 눈의 모양을 단정히 하고,

즉 눈을 내려 깔고 보아서는 안 된다. 사물을 관찰할 때 집중을 요구하는 것이다. 눈동자를 안정시켜 마땅히 시선을 바르게 해야지, 흘겨보거나 훔쳐보아서는 안 된다.

• 口容止 : 입은 꼭 다물고,

즉 말을 하거나 음식을 먹을 때가 아니면, 입은 항상 움직이지 않는다.

• 聲容靜 : 목소리는 조용히 하고,

즉 몸 기운을 가다듬어, 구역질을 하거나 트림을 하는 따위의 잡소리를 내서는 안 된다.

• 頭容直 : 머리는 곧게 세우고,

즉 머리를 바르게 세우고 몸을 곧게 해야 하며, 기울여 돌리거나 한쪽으로 치우치게 해서는 안 된다.

• 氣容肅 : 숨쉬기는 조용하게 하고,

즉 호흡을 고르게 하여 거칠거나 괴상한 소리를 내서는 안 된다.

• 立容德 : 서 있는 모양은 덕스럽게 하고,

즉 똑바로 서고 치우치지 않아서 엄숙하게 덕스러운 기상을 지녀야 한다.

- 色容莊 : 얼굴 모양은 장엄하게 할 것,

즉 얼굴빛을 단정히 하여 태만한 기색이 없어야 한다.

항상 '구용'과 '구사'를 마음속에 붙잡아두고 자기의 몸을 단속하여 잠깐 동안이라도 놓아버리지 말 것이요, 또 이것을 앉는 자리의 한쪽에 써 붙여놓고 수시로 볼 수 있으면 좋다.

자기의 언행을 단속하여 자기 마음대로 하지 않을 것을 다짐하는 것이다. 살아가면서 신경을 써야 할 사람이나 일들을 종종 대수롭지 않게 지나쳐버리는 경우가 있다. 특히 아내나 남편, 사랑하는 사람, 친구나 자식은 가장 귀중한 존재들이지만, 어느새 허물없는 사이가 되어, 서로 상대에 대한 사랑과 존경의 마음이 결여된 언어로 대하기 일쑤다. 그러다가 뜻하지 않게 헤어지거나 의절(義絶)을 하기도 한다. 이와는 반대로 나중에는 거짓말이나 빈말이라고 밝혀질 게 분명한데도, 당장 상대방의 기분을 좋게 하려고 과장된 표현을 하거나 지키지 못할 약속을 하기도 한다.

남에게 자기를 낮추어 겸손하고 부드럽게 대하는 것은 참으로 좋다. 친구·직장 동료·자기 가족 등은 별로 신경을 쓰지 않아도 될 것으로 생각하기 십상이나, 실제로는 오히려 더욱 깍듯이 챙겨야 할

소중한 사람들이다,

　소중한 것은 먼 곳에 있지 않다. 만나는 사람마다 자신과 인생을 함께하는 귀중한 존재들이다. 또한 그들은 모두 우리와 서로 이해를 함께하는 당사자들이다. 따라서 늘 그들에게 존경심과 위트나 신선함을 보이려는 자세는 아무리 강조해도 모자란다.

　사귀거나 만난 지 오래된 사람일수록 존경심을 담은 좋은 언어로 대해야 한다. 그럴 경우 그 사람들은 언젠가 누군가에게 '보고 싶은 얼굴들' 또는 그 인생에 '성공을 이룬 사람들'로 변해 있을 것이다. 이런 사실은 인류 역사를 통해 어렵지 않게 발견할 수 있다.

2. 홀로 향기를 내는 난초처럼

몸이 있는 마음, 마음이 있는 몸

　우리 사람은 몸과 마음을 가지고 있다. 이 두 가지는 상호 대립되면서도 떼어놓을 수 없는 관계에 있다. 이들 두 요소를 철학적인 용어로 표현하자면 육체와 정신이라 한다. 육체에 대해 말해보자. 우리는 하루에 세 번의 끼니를 잇는다. 때로는 밥, 때로는 음료수를 마시기도 하는데, 이러한 물질적인 것들에 대한 욕구는 기본적으로 우리가 육체를 가지고 있기 때문에 발생한다.

　무료한 분위기가 계속되는 날이면 주먹을 휘두르거나 "우당탕

쾅쾅"하는 음악이라도 듣고 싶어진다. 방이 차가울 때는 보일러를 틀거나 전기난로를 켜는 등, 어떻게든 몸을 춥지 않게 하려고 부산을 떤다. 멋진 이성이 자신의 앞을 지나칠 때면 왠지 가슴이 울렁거린다. 이때 외부의 자극은 우리의 육체와 밀접한 관련을 맺고서 일어나는 것이다.

우리에게는 육체가 있는 만큼 '정신' 또는 '마음'이라고 부르는 내면의 세계가 있다. 그런데 부당하게 육체의 안일이나 물질적 욕망을 추구하는 것은, 역시 정신의 어떤 불합리한 측면이 발동하기 때문이다. 우리의 육체는 늘 기능적으로 발동하고 마음 또한 맹목적인 육체 활동을 합리화하려는 경향성을 띤다. 이런 경우 우리는 사람이 할 짓이 아니라고 말하기도 하고, 짐승과 같다고 말하기도 한다. 어떻게든 몸의 안일만 위해 비인간적인 행위, 즉 동물적인 행위를 진행했기 때문이다. 동양적 사유(思惟), 특히 성리학적 사고에서는 인간의 내면은 심(心) 곧 마음이, 육체 곧 몸을 통제하는 것으로 보고, 과연 어떻게 해야 옳은가를 철학적으로 문제 삼는다.

잡념으로 망치는 공부, 욕심으로 실패하는 사업

인간은 살면서 일하고, 일하면서 살아간다. 우리의 삶과 일은 떼어놓을 수 없는 관계이다. 일하지 않으면 삶이 성립되지 않으며, 삶이 존재하지 않으면 일이란 있을 수 없다. 그런데 살면서 일하지 않는 경우가 있다. 예를 들어 우리가 하는 공부도 일이지만, 이 일을 하기 싫을 때가 많다. 반면 일에는 '해야 할 것'과 '해서는 안 될 것'이 있다. 그럼에도 불구하고 우리는 일 자체를 거부하거나 옳지 않은 일을 할 때가 있다.

왜 그럴까? 그것은 우리가 몸을 갖고 있기 때문이다. 우리가 '몸'으로 일을 하지만, 몸은 '쉼'을 지나치게 좋아할 수 있으며, 일을 하더라도 거기에는 불합리한 요소와 합리적인 요소가 함께 내재해 있다. 예를 들어 우리가 공부를 할 때 으레 잡념이 떠올라, 마땅히 해야 할 공부에만 열중하기 힘든 경우가 그것이다. 그래서 이황은 우리에게 이렇게 당부했다.

"학문하는 도리는 반드시 한 군데에 집중하는 마음으로 장구한 기간에 걸쳐서 해야만 비로소 이루어지는 것이다. 만약 제멋대로 드나드는 마음을 가지고 한 번씩 배우다 말다 한다면, 그런 배움이 무슨 재주로 이루어질 수 있겠는가?"[『퇴계선생언행록』 권1, 「지경을 논한 글」]

우리는 아침에 일어나면 모두 바삐 움직인다. 하루 24시간이 모자라는 듯 정신없이 어디론가 달려간다. 저녁이 되어도 마찬가지다. 도시의 밤이 짧기라도 한 듯이 정신없이 어디론가 걸어간다. 사춘기를 비롯한 청춘 시절은 황금처럼 귀중한 인생에서 한때인데, 우리를 한 군데에 잡아놓지 않는다. 거리에는 편의점과 오락실 등이 즐비하다. 그뿐인가? 이목구비를 통해 감각적으로 느끼고 싶은 것들이 너무나 많다.

한 권의 책을 붙들고 독서를 하다 보면, 자신도 모르는 사이에 마음이 복잡해져 무엇을 읽었는지, 왜 그 책을 읽는지도 모를 때가 있다. 그러는 사이에 헛되이 흘려보낸 시간을 생각하면 마음이 공허해진다. 이럴 때 주먹으로 벽이라도 치고 싶은 생각과 충동으로 마음이 울렁거리는 것을 어떻게 잠재워야 할까? 한 제자가 스승 이황에게 물었다.

"생각이 복잡해지는 까닭은 무엇입니까?"[『퇴계선생언행록』 권1, 「지경을 논한 글」]

그러자 이황은 이렇게 말했다.

"사람은 이(理)와 기(氣)가 합하여 마음이 되었다. 그래서 이가 주재하여 기를 거느리면, 마음이 고요해지고 생각이 통일되어 자연히 잡념이 끼어들 틈이 없지만, 이가 주재하지 못하고 기한테 눌리면 마음이 흔들려 어지러워져서 그 끝이 없다. 그리하여 온갖 못된 생각들이 자꾸만 몰려들어서, 마치 물을 자아올리는 기계가 빙글빙글 돌듯이 잠시도 가만히 붙어 있지 못하는 것이다."[『퇴계선생 언행록』 권1, 「지경을 논한 글」]

여기에서 '이'는 합리성과 비슷한 개념이고, '기'는 움직임의 기틀과 같은 개념이다. 우리가 '이'에 의해 일을 한다면 그것은 이성적인 추구이고, '기'에 의해 어떠한 일을 한다면 이성적이기보다는 감성적일 가능성이 크다. 따라서 우리의 마음은 늘 합리와 불합리의 양면적 갈림길에 있게 되는 것이다.

우리가 한 권의 책과 켄터키 프라이드 치킨을 마주하고 있다 하자. 이때 우리가 책상으로 가서 책에 담긴 소중한 내용을 읽든, 아니면 게걸스럽게 치킨을 먹어대든, 그 선택은 전적으로 우리의 자유 의지에 달려 있다. 그런데 어떤 행위가 적절한가라는 문제는 남는다. 만약 점심을 먹지 않아 배가 고프다면 치킨을 먹어야 하고, 그렇지 않다면 책을 읽어야 한다. 독서인의 임무를 저버리면서 맛있는 음식에 빠지거나, 반대로 지나치게 배가 고픈데도 참으면서 책만 읽는 행위는 비합리적이다.

대체로 우리의 몸은 편안함을 추구한다. 이때 우리는 마음을 가다듬어야 한다. 곧 조심해야 하는 것이다. 달리 표현하자면 불합리한 생각과 연결되는 잡념을 없애야 한다. 이황은 이렇게 말했다.

"사람이란 잡념이 없을 수 없다. 중요한 것은 이 잡념이 끼어들 틈을 주지 않는 것이다. 그 방법은 단지 공경하는 일뿐이다. 공경하면 곧 마음이 통일되고, 마음이 통일되면 잡념은 저절로 가라앉아 버린다."[『퇴계선생언행록』권1, 「지경을 논한 글」]

잡념 때문에 잠을 못 이루거나 어떤 일에 착수하기 어려울 때가 있다. 멋진 이성이 내 옆을 지나가면, 내 마음은 내가 어떻게 하는 것이 합리적인가를 고민하게 되어, 잡념이 여러 갈래로 엄습한다. 이러한 잡념에 휩싸인 마음을 추스르는 방법을 이황은 단호하게 '공경'이라고 했다. 정신통일과도 같이 마음이 하나의 흐름으로 이어지게 하는 것은 '공경'에 의해 가능한데, 그렇게 하여 마음을 통일한다는 것은 곧 잡념이 없어진 상태를 말한다.

합리와 불합리 : 마음으로 사는 것과 몸으로 사는 것

우리는 때때로 뭔가를 하려고 마음먹는다. 때로는 옳은 것을 실천하려고 마음먹기도 하고, 때로는 잘못된 것인 줄 알면서도 그 일을 하게 된다. 왜 그럴까?

사람의 마음은 합리적인 것과 불합리한 것을 함께 갖고 태어났기 때문이다. 성리학적 관점에서 우주 자연은 이(理)와 기(氣)로 되어 있다. 사람도 마찬가지다. 이는 이치이고, 기는 재료이다. 이가 세상이나 사람·사물을 만드는 이치라고 한다면, 기는 이치에 따라 만물이 존재하기 위한 재료이다. 만약에 건물을 짓기 위해 설계도가 있고, 그것을 짓기 위한 벽돌 같은 건축 자재들이 있다면, 설계도는 이이고, 건축 자재는 기이다. 예를 들어 빵을 만드는 기술이 없으면 아무리 훌륭한 재료가 있어도 쓸데가 없다. 역시 제빵사가 빵을 만들 때 필요한 기술과 재료들을 우리의 마음상태에 비유해본다면, 빵을 만들 때 필요한 기술은 '이'이고, 밀가루 같은 재료나 오븐과 같은 기계들은 '기'이다.

'이'는 곧 이치인데, 이치란 옳은 것이다. 예를 들어 배가 있고 자동차가 있다면, 배는 물 위로 가고 자동차는 땅 위로 가는 것이 이치이다. 또한 부모라면 자식을 사랑하는 것이 이치이고, 자식이라면 부모를 공경하는 것이 이치이다. 여기에서 '이'가 이치라는 것은 이해가 되는데, 그렇다면 '기'란 도대체 무엇인가. 빵을 만들 때 필요한 재료들을 기라고 한다면, 오븐에서 갓 구워진 빵을 꺼냈을 때 김이 모락모락 솟아오르는 것도 바로 기이다. 기는 바로 재료에서 나오는 것이다. 그런데 각각의 재료들을 적당한 비율로 넣으면 맛있는 빵이 만들어질 것이고, 어떤 한 가지 재료를 너무 많이 넣거나 적게 넣으면 맛없는 빵이 만들어질 것이다. 빵을 만드는 이치가 잘못되었기 때문에 그렇게 된 것이다.

우리의 마음은 이와 기로 이루어져 있으니, 우리의 마음은 늘 합리와 불합리의 두 갈림길에 서 있다. 왜냐하면 이는 원리·합리성과 비슷한 개념이고, 기는 움직임의 기틀로서, 우리의 내면은 이들 두 가지 요소를 모두 지니고 있기 때문이다. 특히 기는 우리의 육체와 관련된 잡념을 표현하도록 발동하기 쉽다. 늘 합리를 추구하는 이가 기를 제대로 통제하지 못하면, 불합리한 결과나 나올 개연성이 많다.

그런데 우리의 내면에는 이른바 성품도 있고 감정도 있다. 이것을 성리학적 용어로 엄밀히 말하면 성품은 '성(性)'으로서, 본연지성(本然之性)과 기질지성(氣質之性)으로 나뉘고, 감정은 일곱 가지 인간의 일반적인 감정, 곧 희(喜 : 기쁨)·노(怒 : 화)·애(哀 : 슬픔)·락(樂 : 즐거움)·애(愛 : 사랑)·오(惡 : 증오)·욕(慾 : 욕심) 등 7정(情)으로 나뉜다. 이러한 것들의 관계에 대해 설명하고 있는 「심통성정도(心統性情圖)」 즉 「성학십도」 중 여섯 번째의 것에 해당하는 도표를 가지고 이황은 다음과 같이 설명하였다. 이황은 기사년(1569) 3월 4일에 선조 대왕에 이렇게 아뢰었다.

"기(氣)는 천지만물의 형체가 되고, 이(理)는 그 기인 형체 속에 갖추어져 있습니다. 그런데 이와 기가 합쳐져 마음이 되어, 사람 몸의 주재자 노릇을 하고 있습니다. 그 성(性)에서 발하여 작용하는 것이 정(情)입니다. 그렇다면 이와 기가 합쳐져서 사람 몸의 주재자 노릇을 한다는 것은, 성과 정을 거느리고 있는 것이 아니고 무엇이

겠습니까? 말하자면, 이 성을 담아서 저장하고 있는 것이 마음인데, 그렇다면 발하여 작용하는 것도 역시 마음이니, 이것이 바로 마음이 성과 정을 거느린다고 말하는 이유입니다."

인간을 포함하는 자연이 존재하는 원리는 이(理)이다. 이것은 신(神), 즉 주재자와 같은 외재적인 의미를 대신하여 자연·자율·필연·당연의 의미를 갖는 것이다. 곧 이는 극존무대(極尊無對)의 위치를 차지하며, 천도(天道)의 뜻이 천리(天理)로 된 것이다. 그러나 하늘로부터 인간이 생명을 받기 이전의 이(理)이다. 생명을 부여받은 이후에도 이는 절대 지존의 존재인가? 이가 기를 이기는가, 아니면 기가 이를 이기는가? 이가 약할 때와 기가 약할 때에 대한 물음에 이황은 이렇게 답했다.

"이(理)는 비할 데 없이 위대하고, 물질에 명령할 뿐 물질에 명령을 받지 않는 것이어서 기가 이겨낼 수 있는 것이 아니다. 다만 기로써 형체를 이룬 뒤에는 기가 바탕이 되고 도구가 되므로, 발동하여 작용하고 마주하여 접하는 데에서 대체로 기가 그 기능을 담당할 때가 많다.

기가 이에 잘 순종할 때는 이가 저절로 나타나니, 이것은 기가 약해서 그런 것이 아니라 순종하기 때문이다. 기가 만약 이에 반대

될 때는 이가 숨어 지내니, 이것은 이가 약해서가 아니라 세상 상황이 그렇게 만든 것이다. 마치 왕이 지극히 높아 비할 데가 없지만, 힘이 센 신하가 발호(跋扈)하여 반항하면 혹 서로 승부를 다투는 싸움이 되는 것과 같다. 그러나 그것은 신하의 잘못이요, 왕으로서는 어찌할 수가 없다.

그러므로 군자가 학문을 하는 목적은 기질의 치우침을 교정하여 물질에 대한 욕구를 막고, 덕성을 높여 큰 중용과 지극히 정대한 도(道)에 돌아가려고 함에 있다."[『퇴계집』 권13]

우주 만물 가운데에는 이치에 합당한 것이 있는가 하면, 그렇지 않은 것이 있다. 우리 앞에는 늘 합리적인 것과 불합리한 것이 섞여 있다. 우리 마음도 그렇다. 마음에는 합리적인 것이 있기도 하지만 불합리한 것도 있어서, 서로 싸우며 갈등을 빚는다. 성리학에서는 '이'와 '기'는 서로 대립하는 것으로 본다. '이'가 '기'를 이겨내면 합리적인 방법으로 세상을 살게 된다.

그러면 누가 이겨야 할 것인가? 당연이나 당위의 가치를 문제 삼는 인간 세상에서 이치는 왕처럼 지존(至尊)의 위치에 있다고 할 수 있다. 올바름이 이치라면 그런 이치는 항상 '기'를 신하처럼 복종하게 할 지위에 있다. 그렇지만 세상은 복종해야 할 '기'가 '이'에 반항하여 싸우는 경우를 맞이할 때가 있다. 이때 이러한 형세를 그대로 받아들이려 하지 않고, 그것을 교정하여 기로 하여금 이에 순종하도록 하는 것이 인간의 임무이다. 현실 세계에서의 무도(無道)함이나 부조리 또는 불합리를 합리적인 것으로 개조해야 하는 것이다.

부조리 또는 불합리한 것은 기의 측면이고, 합리적인 것은 이의 측면이다. 어떻게 보면 우리가 맞이하고 있는 현실은 기의 측면에 가깝고, 이상적인 상태는 이의 측면과 흡사해 보인다. 그렇지만 우리에게는 희망이 있는데, 그 이유는 인간은 현실을 이겨내려고 끊임없이 노력하기 때문이다. 곧 이가 우리를 합리적으로 이끌려고 끊임없이 노력하기 때문이다. 때로는 이의 측면을 저버릴 때도 있지만, 대체로 우리는 자기 자신과 사회를 좀 더 좋게 만들려고 노력한다.

그렇지만 보다 확실하게 '보험'을 드는 것과 같은 방법으로, 합리적인 것이 불합리한 것을 이기는 경지에 도달하게 할 수는 없을까? 그렇게 할 수만 있다면 마음을 옳은 방향으로 가도록 굳건하게 다스릴 수 있을 것이다.

마음은 배, '경'은 배의 '키'

'구용'과 '구사'는 우리가 몸을 잘 단속하고 마음을 역시 잘 가다듬기 위한 것이다. 이것은 수양법에서 매우 중요하게 채용할 만한 것이다. 고봉(高峯) 기대승(奇大升)은 학문의 근본은 마음을 다스리고 몸을 닦는 것이라고 여겼는데, 이것도 역시 같은 맥락이다.

그에 따르면, 학문을 하는 것은 마땅히 마음을 다스리고 몸을 닦는 것을 근본으로 삼아야 한다. 일상생활에서 수신(修身)과 성찰의 공부를 잠시라도 중단해서는 안 된다는 것이다. 만약 그런 낌새가 있으면 독서를 하는 것이 좋다고 권장한다. 고전을 읽고 고사성어(故事成語)와 같은 것들을 접함으로써 마음을 다잡을 것을 권하였다.

"마음을 옮길 수 있는가?"

"가능하다."

"무엇으로 옮길 수 있는가?"

"'경(敬)'으로 하는 것이다."

"마음은 과연 어떤 물건이며, '경'은 과연 어떠한 것인가?"

"마음이란 몸의 주인이고 사물에게 명령하는 것이다. 마음의 본질은 성(性 : 좋은 본성)이고, 이것이 겉으로 드러나면 감정이 된다. 원처럼 둥글면서 구멍처럼 생긴 가운데의 것은 마음의 본질이요, 헤아릴 수 없이 신명한 것은 마음의 작용력이다. 그 드나듦에는, 풍선을 타고 움직이거나 혹은 하늘로 날거나 혹은 깊은 연못으로 빠지기도 하며, 불에 모이지만 얼음보다 차갑기도 하여, 그 변화가 한결같지 않다.[『고봉집』 권2, 「이심법설」]

이황은 「무진육조소」나 『성학십도』에서 경의 중요성을 크게 강조하였다. 같은 의미에서 기대승은 경→마음→몸이라는, 우리가 통솔해야 할 대상의 계통을 구체화했다.

  "'경(敬)'이란 '일(一)'을 주인으로 하는 것이니, '일'이란 무엇인가?

  마음이 딴 데로 가지 않는 것이다. 마음이 딴 데로 가지 않으면 안정되고, 안정되면 고요해지고, 고요해지면 편안하고, 편안하면 사려 깊어진다. 사려 깊으면 마음의 움직임이 사물에 갇히지 않아 본성을 따르게 되며, 본성을 따라 움직이면 변화하는 일을 잘 조절할 수 있고, 변화를 잘 조절할 수 있으면 한결같지 않은 것이 저절로 한결같아진다. '마음'은 배와 같고 '경'은 키와 같으니, 배가 파도에 있을 때는 키로써 움직이며, 마음이 물질적이 욕망에 있을 때는 '경'으로써 옮기는 것이다."[『고봉집』 권2 「이심법설」]

  심(心)의 본질은 고요한 상태이다. 그러나 작용은 움직임이다. 그런 점에서 우리의 마음이 흔들리는 것은 당연하다. 마음이 움직일 때 한 곳에 집중하여 마음을 가다듬는 지혜가 필요하다. 이렇듯 마음을 추스르는 방법이 바로 '경'이다.

  기대승도 경의 속성을 '주일무적(主一無適)'으로 보았다. 그것은 마음이 움직일 때 그 성질을 따라 조절하는 것을 말한다. 주일무적→

안정(定靜)→사려 깊음의 과정을 거치는 것이다. 마음이란 우리가 만나는 사물에 자극을 받아 욕망이 생기지 않으면 '좋은 상태'로 있게 된다. 마음의 움직임이 잘 조절되면 한결같이 안정을 취하게 되고 사려 깊게 된다.

산속의 난초 향기처럼 : 위기지학(爲己之學)

우리가 공부를 하다 보면 진정으로 나를 위해서 하는 것이 있는가 하면, 어떤 때는 나를 뽐내고 싶어서 할 때도 있다. 진정으로 나를 위하는 학문을 유학에서 '위기지학'이라 하고, 남을 의식하여 하는 학문을 '위인지학(爲人之學)'이라 한다. 역사를 보더라도, 어떤 사람은 참된 학문을 했는가 하면, 어떤 사람은 섣부른 학문으로 남이 알기주기만을 바라고 했다. '위인지학', 곧 남을 의식하여 하는 학문은, 요즈음으로 말하자면 '스펙 쌓기'라고 할 수 있다. 그것은 결코 바람직스럽지 않다. 남에게 알리기 위한 것일 뿐이어서 자칫 피상적이기 쉽다. 공자가 살던 시대에도 남을 의식하여 학문을 하는 사람이 많았다. 그는 이런 세태를 다음과 같이 꼬집었다.

"옛날의 배우는 사람은 스스로를 위했는데, 요즈음의 배우는 사람은 남을 위한다."[『논어』「헌문(憲問)」]

얼핏 보면 스스로를 위하는 것이니까 나쁜 것이고, 남을 위하는 것이니까 좋은 것 아니냐고 생각할 수도 있다. 하지만 그렇지 않다. '스스로를 위하는 것'은 진정으로 자신의 인격을 도야하고 깊이를 더해 갈 수 있도록 부단히 노력하는 학문이고, '남을 위하는 것'이란 수박 겉핥기식 학문이다.

학문이란, 목적을 어디에 두느냐가 중요하다. 얇은 지식으로 허황된 명예나 얻는다면 장구하게 지속될 인류의 미래사회는 어떻게 될 것인가? 이런 말이 너무 거창하고 거추장스럽다면, 우리 자신은 어떻게 될 것인가?

많은 사람들은 으스대기 위하여 공부를 한다. 하찮은 지식이나 수학 공식 하나 더 아는 것을 가지고 남에게 자랑하는 사람도 있다. 어떤 사람은 어디에서 뭔가를 들으면, 마치 자신이 대단한 것이나 아는 것처럼 지껄이기도 한다. 이런 경우는 공부의 본래 의미를 망각한 것이다. 공부는 무엇일까? 사람다운 사람이 되기 위한 것이다. 영어를 공부하든 수학을 공부하든, 그 목적은 나를 완성하기 위한 것이다. 나를 완성하기도 전에 남에게 자랑하려고 공부를 한다면, 그런 공부는 나에게도 아무런 도움이 되지 않는다. 그렇게 해서 얻은 지식은 깊이가 없어 남에게도 도움이 되지 않는다. 이 사회에서 사용할 수 없는 지식인 것이다. 뭐니 뭐니 해도 공부는 묵묵히 뽐내지 않으며 차분하게 하는 것이 좋다.

순자는 남모르게 열심히 공부하는 사람을 비유하여 이렇게 말했다.

"지초와 난초는 깊은 산속에서 자라지만, 보아주는 사람이 없어도 향기가 나지 않는 일이 없다.[夫芝蘭生於深林, 非以無人而不芳.]"
[『순자(荀子)』 「유좌(宥坐)」]

이 글귀는 가끔씩 동양화가나 서예가들이 그들의 서제(書題)로 쓰기도 하는데, 모범적인 학생들이 취해야 할, '남을 의식하지 않고 혼자서 스스로 열심히 사는 모습'을 비유할 때 사용한다.

우리의 주위에는 남보다 모범적으로 계획을 세워서 자신이 세운 목표를 달성해가는 사람이 있는 반면, 자기를 앞세우기만을 좋아하는 사람도 있다. 또 남에게 알려서 출세나 한번 해볼까 하여 깊이 있는 공부를 하지 않고, 귀로 들은 지식을 곧바로 입 밖에 내놓는 사람이 있다. 이런 사람은 '구이지학(口耳之學)'을 하는 사람이다. '구이지학'은 입으로 외우고 귀로 듣고 마는 단순한 학문이다. 귀로 들은 것을 곧바로 입으로 지껄이는 학문이니, 바람직하지 않은 것이다. 이 세상에는 이렇듯 궁극적으로 자신에게 이롭지 않은 학문을 하는 사람들이 참으로 많다.

이 '묵란도(墨蘭圖)'는 소전(素筌) 손재형(1903~1981년)이 1962년[임인년(壬寅年)] 이른 겨울에 그린 것으로, 여기에는 "生於深林石上, 不以無人而不芳"이라는 문장이 적혀 있다. 이 문장의 출처도 역시 『순자』 또는 『공자가어(孔子家語)』라 할 수 있다.

우리는 어느 편에 서야 할까? 마치 깊은 산속에 홀로 피는 꽃이, 아무도 보아주지는 않지만 자신의 향기를 내는 것처럼 살아가면 어떨까? 우연히 깊은 산속을 지나노라면 향기로 가득한 곳을 만날 때가 있는데, 그곳을 지나는 모든 사람들은 그 향기에 취할 것이다. 인류에 수많은 업적을 남긴 위인들은 자기 스스로 알아서 공부했다. 마치 깊은 산속에 피어 아무도 봐주는 사람이 없어도 변함없이 향기를 내뿜는 지초나 난초처럼 아름다운 삶을 산 것이다.

사람에게도 향기가 있다. 그것을 우리는 인격이라고 한다. 학문이란 먼저 인격을 쌓기 위하여 하는 것이다. 순자가 살던 당시에도 요즈음처럼 남에게 과시하려고 공부를 하던 사람들이 많았던 같다. 순자는 자신을 돌아보는 공부를 하라고 말했다.

"옛날의 학문은 자신을 위한 것이었는데, 오늘날의 학문은 남을 위하는 것이다. 군자의 학문은 자신을 훌륭하게 하기 위한 것이고, 소인의 학문은 남의 노리개가 되기 위한 것이다. 묻지 않는데 대답하는 것을 오만이라 하고, 하나를 물었는데 둘을 대답하는 것을 군더더기라 한다. 오만도 잘못된 것이고, 군더더기도 옳지 않은 것이다."[『순자』「권학편(勸學篇)」]

이황도 자신의 인격을 위하여 하는 학문, 곧 '위기지학'과 남의 이목을 의식하여 하는 학문, 곧 '위인지학'에 대해 이렇게 말했다.

"위기지학은 도리를 우리 인간이 당연히 알아야 할 것으로 삼고, 덕행을 우리 인간이 당연히 실천해야 할 것으로 여긴다. 가까운데서 공부를 시작하여 마음으로 터득하고 몸으로 실천하기를 기약하는 것이 이것이다. 그러나 위인지학은, 마음으로 터득하는 일이나 몸으로 실천하는 일에는 힘쓰지 않고, 거짓으로 꾸며서 남들의 평판에만 관심을 두어, 명성이나 칭찬을 구한다. 이것이 남의 이목을 생각하여 하는 학문이다."[『퇴계선생언행록』, 김부륜의 기록]

이황은 군자의 학문을 권장했다. 군자는 인격을 고루 갖추고 덕망이 있는 사람인데, 그는 자신을 생각하는 사람이다. 곧 위기(爲己)의 사람이다. 위기의 '위(爲)'는 '위하여'라는 의미이고, '기(己)'는 '자신'을 가리킨다. 물론 '무엇 때문에'라는 의미도 있다. 그러므로 '위기'는 '참된 자아를 위하여' 또는 '참된 자아 때문에'라는 뜻이다. 곧 남을 의식하여 꾸미거나, 그로 인해 어딘지 어색해 보이는 점이 전혀 없는 것이다. 이황은 또 이렇게 말했다.

"군자의 학문은 자신을 위할 따름이다. 이른바 '자신을 위한다'는 것은, 장경부(張敬夫)가 말한바, '아무런 작위(作爲)가 없으면서 저절로 그러한 것'이다. 예컨대 깊은 산속의 무성한 수풀 가운데에 한 떨기 난초꽃이 피어 있다고 하자. 하루 종일 맑은 향기를 토해내건만, 난초 자신은 그것이 향기로운 것인지도 모른다. 이것이 바로 군자가 하는, 자신을 위한 학문이라는 뜻에 일치된다. 깊이 새겨보아야 할 것이다."[『퇴계선생언행록』 권1, 이덕홍의 기록]

꽃은 아름답다. 산길을 걷다가 우연히 발견하는 난초꽃은 더욱 아름답다. 잡초 사이에 홀로 피어 있으니 돋보이지 않을 수 없으려니와, 향기까지 토해내니 더욱 그럴 것이다. 무엇보다 저절로 자신도 모르게 향기로우니 아름다운 것이다. 누가 와서 볼 줄 알고 향기를 발하는 것이 절대 아니다. 이황은 군자의 학문을 바로 이 난초꽃에 비유하여, 남이 봐주지 않아도 홀로 아름다운 학문의 중요성을 말하고 있는 것이다. 이황은 성균관에 들어가 공부했는데, 이때는 기묘사화(己卯士禍)의 참변을 갓 겪고 난 뒤여서 사람들이 모두 학문하기를 꺼렸고, 매일같이 장난질이나 하는 것이 풍습이 되어 있었다. 그러나 그는 홀로 몸가짐을 추스르고, 거동과 언행을 한결같이 법도에 따라 했으므로, 이를 본 자들은 누구나 이황에게 손가락질을 하면서 비웃었다. 그러던 차에 이황은 성균관 유생(儒生)인 황씨 성(姓)을 가진 사람을 방문했다가 처음으로 『심경부주(心經附註)』를 보았다. 하지만 사람들은 이 책의 한문 문장에 대해 어떻게 구두점을 찍어야 할지 잘 몰랐다. 이에 이황은 문을 걸어 잠그고 몇 달 동안 침잠(沈潛)한 채 반복하여 읽은 결과, 저절로 이해하게 되었다.

"만약 이해되지 않는 곳이 있으면 역시 무리하게 탐색하지 않고 한쪽에 밀어두고는 수시로 꺼내어 평정한 마음으로 반복하여 음미하자, 끝내는 통하지 않는 곳이 없었다."[『퇴계선생언행록』 권1]

나만을 위한 공부이니 결코 남이 몰라줄 수도 있지만, 남이 몰라줄 것을 걱정해서 미리 남이 알아줄 것을 기약하는 일도 어리석은 짓이다. 묵묵히 자신의 일·학문이나 사업에 충실함으로써 역사를 빛낸 사람이 오히려 더 많다. 산속의 할미꽃은 봐주는 사람이 없어도 홀로 향기를 내지만, 언젠가는 반드시 누군가의 눈에 띄게 되는 법이다.

나를 속이지 않는 삶 : 신독(愼獨)

난초꽃은 남이 봐주지 않아도 홀로 향기를 내는데, 사람은 홀로 있을 때 어떠한가? 남이 보지 않아도 마음가짐과 행동을 조심해야 한다. 홀로 있을 때 나를 속이기 쉽다. 그래서『대학』이나『중용』같은 고전들에서는 이렇게 조심스런 삶의 태도를 '신독(愼獨)'이라 하여 우리에게 권하고 있다.

이 세상에서 뭔가를 이루고 성공한 사람들은 거의 대부분 자신을 속이지 않는 태도를 견지하였다. 남이 보지 않아도 홀로 아름다운 일을 하는 것은 아무리 강조해도 모자란다. 그럼에도 불구하고 나를 속이고 남을 속인다면 우리가 사는 세상은 참으로 불행할 것이다. 이황은 바로 자신이 스스로를 속이지는 않는지 끊임없이 반성하면서 살았다. 그는 성품이 드높고 마음이 맑고 기상이 씩씩하고 성실했다. 혼자 있을 때에도 자기 스스로를 속이지 않았으며, 생활은 언제나 정숙함이 습관화되어 있어, 그 의연한 기색은 가히 보통사람이 접근할 수 없을 정도였다. 그러나 사람을 접할 때는 따뜻하고 겸손하여 푸근한 화기가 돌았으며, 마음을 열어 이야기할 때에는 진심을 활짝 드러내 보였다. 겸손하게 묻기를 좋아했으며, 자신을 버리고 남을 따랐고, 누구에게 조금이라도 좋은 점이 있으면 마치 자신의 것인 양 좋아했다. 자신에게 조금이라도 잘못된 것이 있으면, 비록 보잘것없는 사람이 하는 말일지라도 이를 고치는 데 조금도 인색하지 않았다.

남의 과실을 말하지 않았으나, 혹시라도 그러한 말을 들으면 반드시 애석해하는 마음을 가졌으며, 당시 정사(政事)의 잘못된 일에 대해서 말하지 않았으나, 혹시라도 들리는 것이 있으면 반드시 얼굴에 근심하는 빛을 띠었다.[『퇴계선생언행록』 권2]

이황은 겸허를 덕으로 삼아서 털끝만큼도 뽐내려는 마음이 없었다. 도리를 보면 이미 밝았으나 아직도 보지 못한 것처럼 이를 바라보았으며, 덕이 이미 높았으나 아무런 덕도 갖추지 못한 것처럼 겸손했다.

보다 높은 경지를 지향하는 마음을 죽을 때까지 한결같이 견지하여, 항상 마음을 가다듬는 법을 성인들로부터 배우다가 차라리 이르지 못할지언정, 한 가지 장점으로 이름을 빛내려 하지 않았다. 세상 사람들 중에 자부심이 너무 지나친 자를 보면, 매우 그르게 여기면서 반드시 이를 거론하여 경계로 삼았다.[『퇴계선생언행록』 권1]

누군가가 이황에게 "남의 옳지 못한 것을 보고 안타깝게 여기기는 하지만, 분노하지 않는 것은 어떻습니까?"라고 묻자, 이황은 "그 것도 한 가지 방법이기는 하나, 어질지 못함을 미워하는 것 또한 세상을 사는 데 필요한, 공정하게 분별하는 마음이다. 두 가지를 아울러 행하는 것이 옳다."[『퇴계선생언행록』 권2]라고 하였다. 이황은 여러 사람들과 이야기할 때, 그 말이 조리가 있으면 기꺼이 거기에 응하되, 만일 부당한 것이 있으면 묵묵히 듣기만 하고 대답을 하지 않았으므로, 사람들이 스스로 두려워하였다. 이러했기 때문에 함부로 하는 말이나 쓸데없는 말들이 귀에 들리는 적이 없었다.

　　손님을 맞아 식사를 할 때에는 반드시 집안 형편에 따라 하였다. 아무리 귀한 손님이 찾아와도 역시 진수성찬을 차리지 않았으며, 아무리 신분이 낮거나 어린 사람이라도 소홀하게 대접하지 않았다. 손님이 오면 항상 술과 음식을 차렸는데, 반드시 미리 집사람에게 알려서 준비하도록 했으며, 손님에 대해 뒷얘기를 한 적이 없었다.[『퇴계선생언행록』권3]

　　사람을 대하는 도리는 자기 자신에게 달린 일이다. 이덕홍이 "손님이 찾아오면 나이의 많고 적음이나 신분의 높고 낮음을 막론하고 모두 공경해야 됩니까?"라고 묻자, 이황은 이렇게 말했다.

　　"물론 공경해야 한다. 그러나 대하는 데에는 도리가 있다. 주자(朱子)가 오만함에 대하여 논의하기를, '오만함이 흉이 되는 이유는, 바로 오만한 마음 때문에 상대방 대접을 고려하지도 않을 뿐만 아니라, 어느 경우든 항상 남에게 오만한 모습을 보이기 때문이다. 상대방이 오만한 대접을 받을 만한 사람이어서 오만하게 대한다면, 이것은 인간의 일반적 정리로 볼 때 있을 수 있는 것이어서 사리(事理)상 당연한 것이다."[『퇴계선생언행록』권3]

그런데 사람을 대하는 도리는 자신이 알아서 할 일이다. 예를 들어 어떤 사람이 있다고 하자. 그와는 그다지 친하지도 않고, 가까이하며 좋아할 만큼 오래 사귀지도 않았으며, 그의 지위나 덕망은 두려워하거나 존경할 만하지도 못하고, 또 그의 곤궁함은 불쌍히 여길 만하지도 못하며, 그의 나쁜 점은 천하게 여길 만하지도 않고, 그의 말은 취할 만하거나 버릴 만한 것도 없으며, 그의 행실은 시빗거리도 되지 못하다고 하자. 그럴 경우 사람들은 그를 대수롭지 않다고 여겨, 단순히 지나치는 사람 정도로 여기고 말 것이다. 이로 미루어 살펴본다면, 사람을 대하는 도리는 각기 자신에게 달린 일이다.

'고요함'이 있는 삶

아침이 있으면 저녁이 있고 '움직임'이 있으면 '고요함'이 있어야 한다. 이것은 '휴식'이 있어야 '일'을 할 수 있는 원리와 같다. 이 세상의 모든 피조물들, 즉 사람이나 사물 할 것 없이 이 같은 존재의 원리를 통해 삶을 유지한다. 예를 들어 곰이 겨울잠을 자지 않으면 살아갈 수 없는 것과 다르지 않다. 우리가 바쁘게 움직이면서 살아가기 때문에, 오로지 '역동(力動)' 즉 부지런히 움직이는 것만이 좋은 것으로 여길 수도 있지만, 결코 그렇게만 살 수는 없다.

묵묵히 살아가는 할아버지 할머니의 삶에서 운동선수의 몸놀림에 이르기까지, 움직이는 삶에 속하지 않는 것이 없다. 그렇지만 단순히 움직이는 것만으로 인간의 삶은 이루어질 수 없다. 움직이지 않을 때가 있어야 움직임이 존재할 수 있다. 저녁이 있으니 아침이 있고, 아침이 있으니 저녁이 있으며, 잠이 있으니 깨어 있음이 있고, 깨어 있음이 있으니 잠이 있어서, 우리의 생활은 활기차게 진행될 수 있다. 그렇지 않으면 피로가 가득할 것이고, 그런 상태가 너무 심해지면 병에 걸리게 되고, 또 그런 상태가 더욱 심해지면 이 세상에 존재할 수 없다. 곧 죽음을 맞게 된다.

어느 날 택시를 탔는데, 택시기사가 요즘 사람들의 삶의 방식을 문제 삼으며 대뜸 이렇게 말했다.

"요즘 사람들은 굶는 게 있어요."
"무엇을 굶을까? 이해가 안 되네."
"굶어서 여유가 없는 것. 아시겠어요, 무엇을 굶는지?"
"?"
"잠을 굶어요! 잠이 모자라니, 이리 불쑥 저리 벌컥 화만 내잖아요."

그렇다. 어쩌면 잠이 모자라는지도 모른다. 그 택시기사에 따르면 세상 사람들이 지나치게 움직이기만을 좋아한다는 것이다. 곧 일에 몰두하거나 놀러 다니는 것 같은 일상의 행동에만 지나치게 몰두

하지 말고, 하루 24시간을 잘 쪼개어 휴식을 취하면서 조용히 성찰하는 시간도 가져야 한다는 것이다. 그래야 진정한 생명의 활동이 가능하여, 우리의 장래와 국가의 앞날이 밝을 것이라는 말이다.

그 말이 옳다. 조용하거나 고요한 삶은 죽음 따위와는 본질적으로 다르다. 고요함만을 위한 것이라면 논의할 아무런 가치가 없다. '움직임'을 준비하기 위한 '고요함'이 필요한 것이다. 쉴 때는 움직임이 필요하고, 움직일 때는 쉬는 것이 필요한 경우와 같다. 조용히 멈춰 있음과 같은 것을 철학에서는 '정(靜)'이라고 하는데, 문자 그대로 '고요함'이다. '움직임'과 '고요함'을 아울러 말하기를 '동정(動靜)'이라고 한다.

송나라 때 성리학을 연 주렴계(朱濂溪, 즉 주돈이)는 이 고요함을 매우 중요하게 여겼다. 우리와 우리 밖의 삼라만상의 존재에 대해 생각하고, 그 원리는 과연 무엇인가에 대해 묻는 철학의 범주를 존재론이라고 하는데, 그는 '고요함'을 이 존재론의 차원으로 끌어올렸다. 연꽃을 좋아하여 쓴 「애련설(愛蓮說)」, 곧 연꽃의 사랑에 관한 글을 쓴 그는 자신의 저서인 『태극도설(太極圖說)』에서 다음과 같이 말했다.

"성인은 중용·정대함·인애·의로움으로써 하고, 고요함을 주로 하여, 사람이 가야 할 궁극의 경계, 즉 인극(人極)을 세운다."

성인처럼 완벽한 인간이라면 중용·정대함·인애·의로움으로써 선과 악은 무엇인지를 분명히 하고, 살아가면서 맞이하는 모든 일들에 대해 실마리를 풀어가되, 그에 못지않게 '정' 곧 고요함을 주로 하여 인극을 세운다는 것이다. 다시 말하면 '고요함'이 삶의 과정에서 일정 정도 필요하다는 것이다. '인극'이란 인간된 삶의 도리나 원리로서, 우리가 도달해야 할 곳, 즉 경지이다. 한없이 가서 더 이상 갈 수 없는 바람직한 인간의 경지이다. 이 인극의 경지에 도달한 사람을 우리는 성인이라고 부른다. 성인이 딴 데 있는 것이 아니다. 우리 모두 성인이 될 수 있다.

조용히 앉아서 관조하기 : 정좌(靜坐)

12세기부터 13세기 사이에 절정을 맞이하는 중국 송나라 때의 신유학(新儒學), 곧 성리학을 일으킨 철학자들은 이 정좌에 주목하였다. 그런데 그들은 고요히 앉아 있는 것으로 만족하지 않고, 철학적으로 보다 깊은 의미를 부여하였다.

앞에서 이야기한 '고요함'과 '움직임'은 사람을 포함한 만물이 존재하는 데 절대적으로 필요하다. 『주역』에서는 "움직임과 고요함은 서로 원인이 된다. 움직이면 고요함이 있고, 고요하면 움직임이 있다."라고 하였다. 곧 움직임과 고요함은 하나의 고리로 이어져 있어, 움직이면 고요한 정지의 상태가 있게 되고, 고요한 정지의 상태가 있으면 움직임이 있게 된다. 따라서 고요함이나 움직임은 그 자체만을 위한 것은 아니다. 조용히 또는 고요하게 앉아 있음을 말하는 정좌도 곧 동작을 전제로 한다. 그러한 의미에서 이황은 정좌에 대해 이렇게 말했다.

> "정좌를 해야만 몸과 마음이 가다듬어져, 도리가 바야흐로 멈추어 정박(碇泊)할 곳이 있다. 만약 육신이 흐트러져서 방만하여 단속하지 않는다면, 몸과 마음이 혼란해져 도리가 다시는 정착하여 머무를 곳이 없게 된다."[『퇴계선생언행록』권1,「지경을 논한 글」]

정좌를 통해 우리의 몸과 마음을 가라앉히고, 삶의 바른 도리가 다가오게 해야 한다. 그러지 않으면 육신이 흐트러져 몸은 물론 마음까지도 어쩔 줄을 몰라 하여, '바른 이치'로서의 도리는 우리와 함께 할 겨를이 없게 된다.

손버릇이 나빠 뭔가를 훔치지 않으면 안 되는 사람이 있는가 하면, 책상에 앉기만 하면 몸이 쑤시고 정신이 산만해지는 사람이 있다. 또 일정한 시간이 되면 약속이라도 한 듯이 함께 모여 서성이지 않으면 어쩔 줄 몰라 하는 사람도 있다. 그런 사람을 정신병원에 감금하거나 집에 강제로 오래도록 머물러 있게 했더니, 진짜 미치거나 바보가 된 경우도 있다.

따라서 '어떻게 삶의 올바른 도리를 찾는답시고 우두커니 앉아 있는 극약 처방을 한단 말인가! 병이 날 게 뻔한데?'라고 걱정할 수도 있다. 이황의 제자들 가운데 이러한 의문을 품은 사람이 여럿 있었다. 그들은 정좌를 중요시했는데, 육체를 구속하는 것이 병을 유발시키지나 않을까 하여 걱정했던 것이다.

"정좌를 하다가 육체의 구속으로 인해 병이 생기면 어떻게 합니까?"[『퇴계선생언행록』 권1, 「지경을 논한 글」]

이에 대하여 이황은 이렇게 답변했다.

"혈육으로 이루어진 몸이 어릴 때부터 전혀 검속을 받는 일이 없다가, 하루아침에 갑자기 정좌해서 몸을 가다듬으려고 한다면, 어찌 구속으로 인해 병이 나지 않겠는가? 모름지기 굳게 고통을 참고 이를 풀어주는 일이 없이 세월이 오래 흐르면, 나중에는 자연히 구속이라는 병이 없어질 것이다."[『퇴계선생언행록』 권1, 「지경을 논한 글」]

우리에게 필요한 것은 구속을 스스로 감수하는 일이다. 남이 나를 억박지르듯이 '이렇게 해라'라는 식으로 명령하는 것이 아니라, 자기 스스로 몸을 단속하는 것이 필요하다. 너나 할 것 없이 누구도 구속당하는 것을 좋아하지 않는다. 원래 구속은 그 자체만으로는 부당하다. 왜냐하면 '나'는 하늘로부터 자유인의 자격을 얻고 태어났기 때문이다.

그러나 '개체'로서의 인간의 존엄성을 침해하는 행위를 말하는 구속이 아니라, 우리 스스로 인격체를 만들기 위한 여유 있는 구속은, 자율에 의한 것이므로 한 번 눈여겨볼 만하다. 보다 숭고한 인간 됨됨이를 위한 잠정적인 구속, 그것도 자발적으로 선택한 구속은, 다른 사람에 의한 부당한 신체의 구속과는 그 차원이나 성격이 다르다. 다듬어지지 않은 우리의 삶에 대해, 스스로 자기를 응징하고 잘못된 유혹에 노출되지 않기 위한 구속이라면, 오히려 선한 행위일 수 있다.

그런데 아무리 바람직한 삶을 영위하기 위한, 즉 바람직하게 동작하는 삶을 위해 고요함을 추구하는 차원에서 우리의 육체 활동에 대해 구속하는 것이라지만 쉽지는 않다. 이황은 이러한 사실에 대해 공감하여 이렇게 말했다.

"구속을 당하는 것은 싫어하면서 저절로 그런 병이 없기를 바란다면, 이것은 곧 성현이나 가능한 일로서, 성현은 온몸이 모두 마음의 명령을 따라서 공손하고 편안하지만, 처음 배우는 자로서는 가능하지 않은 일이다."「『퇴계선생언행록』 권1, 「지경을 논한 글」]

무조건 힘들다고 스스로 몸의 구속을 거부해서는 안 된다. 자기에게 주어진 일이 하기 싫은데, 억지로 참아내지 않으면 안 되는 '구속'을 싫어하고, 그런 구속을 싫어한 나머지, "참아내다가 병이라도 나면 어떻게 해?"라고 걱정부터 해서는 안 된다. 그런 식으로 마음의 태도가 잘못되면, 제멋대로 무책임하게 살게 될 수 있다. 항상 '마음으로 생각해서' 몸이 따라줄 수 있도록 해야 한다. 육체가 마음의 명령을 받아 저절로 조절되고, 몸은 마음먹은 것을 실천에 옮기는 것이 좋은 생활태도이다.

3. '경'으로 주재하는 마음

몸으로 살까, 마음으로 살까?

옷은 맵시가 있어야 하듯이, 사람의 모습은 품격이라는 맵시가 있어야 한다. 이와 같은 뜻으로 유학은 사람다운 인품을 중요시한다. 인품을 갖기 위해서는 우리가 할 수 있는 힘을 다하여 일상생활에서 도덕을 추구할 필요가 있다. 소인보다는 군자나 대인 또는 대장부이기를 권장하는 것도 같은 맥락이다. 모든 사람이 다 성인이 될 수만 있다면 그 이상 좋은 것이 없을 것이다. 단순히 눈에 보이는 것에만 한정하지 않고, 그 이상으로 인간이 할 수 있는 일을 찾음으로써 '보다 나은 사회를 만들기 위해 노력'을 기울이자는 것이 유가 철학에서 말하는 '도'이다. 그런 의미에서 유가 철학은 사람이 마음으로 살 것을 권장한다. 특히 맹자는 마음으로 사는 사람을 '대인'이라고 했다. 대인이란 '큰 덕을 가진 사람' 곧 '대덕지인(大德之人)'이다.

그러면 '큰 덕'은 무엇일까? 우리 모두 큰 덕을 갖고 태어났다. 큰 덕이란 마음에서 우러나와 남을 배려할 줄 아는 여유이다. 마음은 큰 덕을 지니고 있으니 '큰 몸'이다. 손이나 발에 비해 정신 활동을 하므로 '큰 몸'이라 한다. 마음은 문자 그대로 '대체(大體)'이다. 옛 사람들은 마음이 정신 작용을 한다고 믿었기 때문에 '대체'라고 했는지도 모른다. 손이나 발에 비하여 훌륭한 일을 할 수 있다는 점에서 상대적으로 '대체'라고 한다. 만약 우리가 이목구비나 사지로만 세상을 산다면 '소인'이 되는 것이다.

마음은 신체기관에 비유하여 말하자면 심장에 해당한다. 이 심장은 무엇을 생각하고 따지는 훌륭한 일을 해낸다는 점에서 '대체'이다. 맹자는, 사람들이 아무런 생각 없이 손·발·다리가 하는 대로 내버려둘 것이 아니라, 마음을 써서 훌륭하게 살기를 권했다. 하루는 그의 제자인 공도자(公都子)가 물었다.

"똑같은 사람이라면 그 품수가 마땅히 같지 않음이 없을 것인데, 어떤 사람은 '대인'이라 이름하고, 어떤 사람은 '소인'이라 이름하는 것은 어떤 이유입니까?"[『맹자』「고자장구(告子章句) 상」]

맹자가 말했다.

"사람의 몸에 체구가 크고 작음이 갖추어져 있다. 만일 대체가 주장이 되어서 그 명령을 따르면 고명한 데로 나아가서 대인이 될 것이고, 만일 소체가 주장이 되어서 그것이 하는 대로 따라 하면 저속한 데로 흘러서 소인이 될 것이다. 따르는 것이 나뉘기 때문에 그 사람이 또한 나뉘게 된다."[『맹자』 「고자장구 상」]

마음은 지극히 거룩하게 생각하는 것을 직분으로 삼는다. 어떤 사물을 대하거나 해야 할 일이 생기면 어떻게 할 것인가 판단하는 것은 마음으로 하는 것이다. 그렇지 않으면 잘못될 때가 많다. 무엇을 생각한다는 것은 곧 마음으로 무엇을 결정한다는 것이다. 마음으로 결정하고서 우리의 손이나 발 같은 신체를 통하여 행동으로 옮길 때 잘못되지 않는다. 그래서 몸으로만 살기보다는 마음으로도 살아야 한다고 맹자는 말했다.

경(敬)으로 안과 밖을 일치시키기

사람은 마음을 비우는 것이 중요하다. 그렇게 하면 어떤 사물이나 일에 대해 판단하는 정신 활동에 도움이 되기 때문이다. 마음을 비워 그것이 어떤 신령스런 단계에 접어들었을 때의 상태를 '허령(虛

靈)하다'라고 하는데, 이러한 단계로 마음을 비우는 것은 대단히 중요하다.

그런데 이황은 이것만 가지고는 진정한 사고 작용이 불가능하다고 보았다. 더 나아가 마음을 경(敬), 즉 공경으로써 주재(主宰)할 것을 요청하였다. 다시 말하면 공경으로써 마음을 다스리고 닦아 나갈 것을 요청하였다.

"그러나 마음의 허령함도 경(敬)으로써 주재하지 않으면, 일이 눈앞에 닥쳐도 생각하지 못하게 되고, 이(理)가 현실에서 드러나는 일도 궁리(窮理)로 비춰보지 않으면 눈으로 날마다 접하고도 보지 못하게 될 것입니다."[『퇴계집』 권7, 「진성학십도차(進聖學十圖箚)」]

우리가 부닥치는 어떤 일에 대하여 마음을 비운 허령한 상태에서 사고 작용을 하고, 허령한 마음을 경으로써 거느려야 온전한 사고 작용이 가능하다는 것이다. 여기에 궁리의 과정을 더하면 우주 자연에 내재하는 이치가 실체를 드러내는 것을 보게 될 것이라고 이황은 말하고 있다.

이황은 경을 지키는 것이 생각과 배움을 온전하게 겸비하고, 움직임과 고요함을 일관하며, 안과 밖을 합일시키고, 분명히 드러난 이치와 미세한 것으로 존재하는 이치를 하나로 합치는 방법이라고 여겼다.

　이황은 우리가 진정한 인간이 되기 위하여 어떻게 해야 하는가를 가르쳐주었다. 그렇게 되기 위해 노력하는 법을 이황은 그의 철학을 통해 제시해준 것이다. 반드시 이 마음을 장엄하게 하고 정돈된 상태에서 고요히 한 군데로 모으며[齋莊靜一], 이 이치를 연구하고 생각하는 과정에서, 보지 못하고 듣지 못하는 마음에 대한 경계(警戒)와 두려움을 더욱 엄하게 하고, 더욱 공경스럽게 하며, 은미하면서도 그윽한 마음의 기미를 성찰하는 일을 더욱 정밀하게 할 것을 권장하였

이 글씨는 조선의 정치가이자 사상가이며 대서예가이기도 한 퇴계 이황의 친필이다. 무불경[毋不敬 : 모든 일에 '경'(공경)하지 않음이 없어야 할 것], 신기독[慎其獨 : 홀로 있을 때 행동을 신중하게 할 것], 무자기[毋自欺 : 자기 스스로를 속이지 말 것], 그리고 사무사[思無邪 : 생각에 사악함을 없앨 것]로 이루어진 이 글은, 모두가 일관되게 우리 삶에서 '경'의 의미를 실천할 것을 권장하는 내용이다. 이 글의 출전을 살펴보면, '무불경'은 『예기』에 나오며, '신기독'은 『대학』과 『중용』에 나오고, '사무사'는 『논어』에서 볼 수 있다.

다.[『퇴계집』 권7, 「진성학십도차」]

우리는 오늘도 이상과 현실 속에 살고 있다. 그러나 현실은 우리를 방황하게 만들고, 어떻게 해야 할지 모르게 만들 때가 있다. 물론 현실적인 것만 해결하고 나면 모든 것이 끝나는 것이라면 문제될 게 없겠지만, 우리의 삶은 그렇게 단순하게 전개되지는 않는다.

아무리 불확실한 미래라 하더라도, 그것은 우리가 아름답게 꾸미고 가꾸지 않으면 안 된다. 미래는 '다가올 현실'이다. 그런 점에서 미래는 희망의 샘이다. 나와 우리 가족, 그리고 나라와 세계의 미래를 이끌어갈 우리에게 이황은 외경(畏敬)의 태도를 견지할 것을 주장하는 '경(敬) 철학'을 제시하였다. 그는 몸과 마음을 함께 가지고 있는 우리가 자칫 불합리한 기(氣)의 측면, 곧 우리의 욕망 또는 외부세계에서 비롯되는 물질적 유혹에 마냥 휩쓸리기보다는, 합리적인 내면, 즉 이성을 통해 현실을 조화롭게 극복해갈 수 있는 방법을 가르쳐주었다.

거지에게 밥을 줄 때도 존경의 태도로

사서(四書) 가운데 하나인 『맹자』에서는, 마음에서 우러나오는 인간관계의 방식을, 하찮게 여기기 쉬운 거지를 대할 때를 예로 들어 다음과 같이 절실하게 일러주고 있다.

"한 그릇의 밥과 한 그릇의 국을 얻으면 살고, 얻지 못하면 죽더라도, 혀를 차고 꾸짖으면서 주면 길가는 사람도 받지 않으며, 발로 밟고 주면 거지도 좋게 여기지 않는다."[『맹자』「고자장구 상」]

우리의 '삶'은 무엇보다 중요하다. 죽음이 두려워서 마지못해 힘들게 사는 사람도 있겠지만, 우선은 살아 있어야 이 세상 사람과 만나고 우리가 해야 할 일을 이룩할 수 있다. 살아야 한다는 욕망 또한 매우 절실하다. 그런데 우리의 목숨이 아무리 절실하더라도 그 방식이 구차하거나 마음에 흡족함이 없으면, 나의 존재 의미에 대해 회의하게 된다. 남에게 인정받지 못하거나 불의에 의해 자존심이 손상될 때면 '내가 왜 사는 걸까?'라고 회의하기도 한다.

이렇게 되는 것은 우리가 몸뿐만 아니라 또한 마음도 가지고 있기 때문이다. 우리의 삶은 육체와 마음이라는 두 가지 요소로 진행된다. 이러한 의미에서 아무리 빌어먹는 사람이라 할지라도 "나를 뭘로 보느냐"라는 정도의 반박은 하게 되어 있다. 인간이 가지고 있는 존귀한 마음을 인정해주지 않으면 아무리 빌어먹는 거지일지라도 대뜸 반작용을 하는 것이다.

이제 누구나 가지고 있는 자존심과 인격에 대해 좀 더 살펴보자. 이 자존심은 우리를 생명으로 존재하게 하고, 온갖 고달픔에도 불구하고 삶에 의의를 느끼게 한다는 점에서 자만심과는 다르다. 그런 점에서 맹자는 상대방의 내면을 염두에 두지 않으면 안 된다는 사실을 잘

간파하였다. 그는 제자인 만장(萬章)이 "감히 묻습니다만, 사람과의 교제에는 무슨 마음으로 하는 것입니까?"라고 묻자, 이렇게 대답했다.

"공경으로 하는 것이다."[『맹자』「만장장구(萬章章句) 상」]

여기에서 맹자는 사람과 교제할 때 '공경'으로 해야 한다고 단호하게 말하고 있다. 잘못된 일을 조사하던 경찰관이 폭행을 당하거나, 잘못을 나무라던 할아버지가 봉변을 당하는 일들이 가끔 언론에 보도되곤 한다. 이러한 일들이 벌어지고 있는 현실에서 '공경'에 대해 말하는 것은 아주 오래된 옛 이야기처럼 들릴지도 모른다. 그렇지만 '공경'이라는 말의 뜻은 '마음에서 우러나와 위로 보는 것'이다. 우리 사회는 '올려다(up)'보지 않고 '내려다(down)'보는 사람들이 많은데, 사람을 사람으로 우러러보지 않고 내려다보는 것은 '무시'하는 것이다. 우리는 이웃과 더불어 산다. 더불어 사는 방법으로서의 공경에 대해 『맹자』에는 다음과 같이 제시되어 있다.

"남을 사랑하는 사람은 남이 항상 사랑하고, 남을 공경하는 사람은 남이 항상 공경한다."[『맹자』「이루장구(離婁章句) 하」]

여기에서는 우리가 공경의 자세를 가질 때 받게 되는 보답을 말하고 있다. 우리 인간의 내면은 기본적으로 맑고 순하다. 따라서 자신의 모습이 참될 때 더불어 사는 남도 그러한 모습으로 보답할 것이다. 맹자는 사람의 내면에 네 가지의 덕이 있다고 믿었다. 인자함·의로움·예의로움·지혜로움, 곧 인(仁)·의(義)·예(禮)·지(智)가 그것들이다.

우리의 마음은 거룩할 정도로 인간적인 면모로 가득 차 있다. 그 가운데 빼놓을 수 없는 것이 공경스러운 마음인데, 이 덕을 발휘한다는 것은 '예의바르다'는 것을 뜻한다. 따라서 우리가 만나는 상대를 공경하는 마음으로 대할 때, 그것이야말로 예의를 다하는 방법이 될 수 있다고 맹자는 말한 것이다.

4. 일상생활과 공경의 삶

한 곳에 집중하기

우리가 선생님이나 어른을 뵙게 되면 존경하는 마음을 갖게 된다. 언니나 형을 만나면 공손해진다. 이 같은 '공손'이나 '존경'은 모두 '경(敬)'의 뜻을 잘 나타내준다. 그런데 '경'의 뜻은 여기에 그치지 않는다.

내가 접하거나 만나는 일이나 사물·사람에 대하여 삼가고 조심하고 두려워하는 것도 모두 '경'이다. 예를 들자면, 마음을 집중하여 정신을 한 곳에 쏟는 것도 '경'이다. "정신일도, 하사불성(精神一到, 何

事不成)”이라는 말이 있다. "정신을 한 곳에 쏟으면, 무슨 일인들 이루지 못하랴!"라는 뜻이다. '정신을 한 곳에 쏟으면'이라는 말은 공손·존경 외에 '경'이 갖는 또 다른 뜻과도 부합된다.

'경'은 우리의 일상생활에서 매우 요구되는 삶의 태도이다. '경'하면 세상을 살아가기에 편하지만, 그렇지 않을 경우 삶이 힘들어진다. '경'의 태도를 견지하면, 우리가 부딪치는 일을 보다 진지하게 생각할 수 있고, 그때 불현듯 이치에 맞는 삶의 길이 열리기 때문이다.

우리가 어떤 일을 하려고 할 때, 잡념이 생겨 일을 방해하기도 한다. 때로는 갑작스레 충동이 일어나고 엉뚱한 욕심이 생기기도 한다. 나의 몸은 내가 지금 마땅히 가 있어야 할 곳에 있어야 하지만, 그렇지 않을 때가 많다. 책상에 앉아 독서를 해야 하지만 텔레비전 앞에 앉아 있을 때가 있고, 잠을 자야 할 때이지만 컴퓨터 게임에 빠져 있을 때도 있다. 마음이 몸을 이기지 못한 것이다.

비록 마음이 욕심으로 가득 찬 몸을 이겨내더라도, 정작 해야 할 일은 손에 잡히지 않을 때가 있다. 때로는 숙제를 해야 하는데도 제대로 되지 않고, 자꾸만 코미디 프로그램이 눈앞에 아른거리기도 한다. 왜 그럴까? 아직 마음이 가라앉지 않아서 그렇다. 마음이 몸을 거느렸지만, 한편으로 '경'이 마음을 확실하게 거느리지 못해서 그렇다. '경'은 어떤 일을 실행할 때 잡념을 제거해주고, 마음을 조심스러운 곳으로 인도하고, 마음을 차분하게 가라앉게 해주어, 내 마음에 찌꺼

기가 없는 상태로 만들어준다. 그렇게 되었을 때 우리가 맞이하는 일이나 사물·사람들을 가장 좋은 방법으로 대하게 되는 것이다.

송나라의 성리학자 정이(程頤, 1033~1107년)는 학문의 방법에서 '거경(居敬)'과 '궁리(窮理)'를 중요하게 여겼다. '거경'이란 경에 거처하는 것, 곧 내면을 늘 공경하는 마음으로 가득 차게 하는 것이고, '궁리'는 우리를 둘러싸고 있는 외적 사물에 대한 이치를 궁구하는 것이다.

그런데 그는 우리가 만약 용모를 엄숙하게 하고 생각을 정돈하면, 공경은 저절로 이루어진다고 보았다. 그에 따르면, 공경 곧 경(敬)은 한 곳[一]을 주로 함이다. 한 곳을 주로 하여 어느 쪽으로도 휩쓸리지 않는 집중된 태도이다. 이렇게 되면 모자라거나 넘침이 없는 중용(中庸)의 상태를 이루게 되는데, 한 곳을 주로 하여 관심이 이리저리 흩어짐이 없는 것을 '주일무적(主一無適)'이라고 한다. 그러한 상태를 정이는 '거경'이라고 보았다.

어떤 사람은 '주일무적'을 "주인이 하나이면 적이 없다."라는 의미로 풀이한 경우를 보았다. 이것이야말로 '주일무적'의 의미를 새기지 않았기 때문이다. '無適'과 '無敵'을 구분하지 않은 것이다. '適'과 '敵'은 다르다. 적극적이면서 집약된 삶의 방법 또는 학문 방법을 촉구하는 것을 매우 대수롭지 않게 지나쳐버린 것이다.

주자(朱子, 1130-1200년)도 정이가 말한 주일무적의 '거경'을 계승하였다. 정신을 한 가지 일에 집중하여 우리의 내면 밖에서 정신을 분산시키는 장애물, 곧 외적 대상이나 사물에 대한 욕망이 자칫 우리를 혼란시킬 수도 있다는 점을 경계한 것이다.

그런데 이것은 스님이 도를 닦을 때 잡념이나 망상을 없애는 수양과는 다르다. 내면적인 것이나 외면적인 모든 것을 잊어버리는 것이 아니라, 의지를 한 곳에 유지시킴으로써 '참'을 추구하는 공부를 말하는 것이다.

우리는 왜 사는지 모르겠다고 의심하면서도, 주먹을 불끈 쥐며 다가올 미래를 생각하면서 달콤한 미소를 짓는다. 그러나 쾌락과 같은 것들이 유혹하면 우리의 의지는 흔들릴 때가 있다. 외부의 유혹에 대한 내면적 다짐, 곧 주먹을 불끈 쥐며 마음을 한 곳으로 집중하는 것은 매우 중요하다. 이황은 이렇게 말했다.

"'경'을 지키는 것은 생각과 배움을 함께 갖추고, 움직임과 고요함에 다 일관하고, 안과 밖을 합하고, 분명히 드러난 것과 미세한 것을 하나로 하는 방도입니다."[『퇴계집』 권7, 「진성학십도차」]

여기에서 공경을 지키면 그 효과가 어떻게 나타나는지를 말하고 있다. 생각하면서 배우고 또는 배우면서 생각하는 것이 우리에게 필요하다. 아무리 많은 지식을 쌓는다 하더라도, 그것을 참되도록 과학적으로 걸러내지 않는다면 쓸모가 없을 것이며, 생각만 하고 배우는 일은 등한시하면 고집스러운 사람이 될 것이다.

세상을 살아간다는 것은 복합적이면서도 다양한 것이지만, 최소한 동전의 양면과도 같은 상대적인 관계는 늘 존재한다. 움직이는 것이 있으면 멈추는 것이 있다. 겉이 있으면 속이 있고, 우뚝 드러나는 것이 있는가 하면 나지막하게 존재하는 것도 있다. 그것들은 상대적인 관계에 있으면서, 동시에 나름대로의 가치를 지니고 서로를 대하는 관계에 있다. 이처럼 양면을 하나로 통일해서 볼 수 있는 방법이 공경이라는 점을, 이황의 가르침을 통해 우리는 알 수 있다.

'경'으로 이치 찾기

우리는 가끔 '마음을 비운다'라고 말한다. 어떤 이유로 마음이 뒤숭숭하거나 복잡해지면, 무엇을 해야 할지 몰라 갈팡질팡하게 된다. 이렇게 되면 우리가 가야 할 '길', 실천해야 할 '이치', 눈앞에 닥친 일을 처리할 '방법'을 알 수 없게 된다. 이럴 때는 허심탄회한 마음자세, 즉 '경'의 자세가 필요하다. 이황은 주자의 말을 빌려 '경'의 자세가 필요함을 더욱 강조했다.

"'경'하면 욕심이 적어지고 이치가 밝아진다. 제거하고 또 적어지게 해서 없는 데까지 이르면, 고요할 때는 텅 비고, 움직일 때는 곧게 되어, 성인을 배울 수 있다."[『퇴계집』권7]

이상적인 인간형을 추구할 때 우리는 흔히 '성인'을 이야기한다. 우리는 이러한 성인으로 흔히 석가모니·공자·예수·마호메트를 꼽는다. 철학자인 소크라테스를 성인에 포함시키기도 한다.

이러한 성인들은 하나같이 가장 이상적인 방법으로 인생을 살다 간 사람들이라고 표현해도 지나치지 않을 것이다. 그런데 이들은 모두 우리와 다름없는 사람이다. 단지 자기를 뛰어넘어, 인간과 더불어 인간답게 인간을 고뇌했을 뿐이다. 인간 자체를 멀리 초월해 있었던 것이 아니라, 인간의 본질 속으로 좀 더 가까이 다가갔던 사람들이다. 그렇게 함으로써 더 이상의 수양이 불필요한 상태에 이르렀던 사람들이다. 이들처럼 더 이상의 수양이 불필요한 상태에 이르면 성인의 경지에 이르렀다고 할 수 있다. 이러한 경지에 이르지 못했을 경우, 수양에 착수하는 사람이어야만 삶을 참되게 산다고 할 수 있다.

성인 다음의 개념으로 인간다운 인간형을 우리는 '군자'라고 부르는데, 그것은 '대인'이라는 말과 비슷한 개념이며, '소인'의 상대어이다.

'소인'은 어떤 사람인가? 우리의 주변에는 아무런 사고 활동도 하지 않고 닥치는 대로 행동하는 사람이 있다. 횡단보도를 바로 앞에 두고도 차도를 인도처럼 건너는 사람, 육교가 바로 앞에 있는데도 약간의 수고를 덜기 위해 차도를 위험하게 건너는 사람, 심지어는 단지 성적이 조금 떨어졌다고 집을 나가거나 자살하는 사람, 이러한 사람이 다름 아니 소인이다.

이황은 수양하지 않은 채로 어그러진 행동을 하는 소인을 꼬집었다. 그러면서 소인과 대인의 차이는 공경스러운지 방자한지에 달려 있을 뿐이라고 지적했다.

매사에 공경스런 자세로 임할 때, 욕심이 적어지고 허심탄회하게 되어 우리는 내면의 평정을 찾게 된다. 이렇게 될 때 '나는 과연 어떤 존재이고, 나에게 구비된 이치는 무엇인가'를 깨닫게 된다. 욕심을 제거하고 또 적어지게 해서 마침내 욕심이 없는 데에까지 이르게 되면, 고요할 때는 마음이 텅 비게 되고 움직일 때는 마음이 곧게 된다. 이런 상태가 바로 성인을 연상할 수 있는 경지이다.

그러면 우리는 어떻게 공경에 대해 공부할 것인가? 이황은 이렇게 말했다.

"어떤 사람이 '공경을 그대는 어떻게 공부하는가?'라고 묻자, 주자는 이렇게 말하였다. '정자(程子)는 마음을 집중하여 잡념을 갖지 않음을 말하였고, 또 가지런히 하고 엄숙히 함을 말하였다. 그리고 사상채(謝上蔡)는 항상 똑똑하게 깨어 있게 하는 법을 말하였고, 윤화정(尹和靖)은 그 마음을 단속하여 어떤 물건도 용납하지 않음을 말한 일이 있다."「『퇴계집』 권7]

공경은 마음을 한결같이 통솔하는 것이요, 모든 일의 근본이다. 공경에 힘쓰는 방법을 알게 되었을 때, 소학(小學)이야말로 이 '공경'에서 시작하지 않으면 안 된다는 것을 알 수 있다. '소학'을 '공경'에서 시작해야 한다는 것을 알면, '대학'을 '공경'으로 끝맺지 않을 수 없다는 점을 하나로 꿰뚫어 알 것이다. 여기에서 말하는 '대학'과 '소학'은 책명이 아니다. '소학'은 우리가 살아가면서 기본적으로 익히지 않으면 안 되는 일상생활의 일에 관한 것이고, '대학'이란 '소학'보다 한 차원 높은 세상에 나와 온 인류를 평화롭게 할 수 있는 학문이다. 물론 '소학'을 다룬 책이 『소학』이고 '대학'의 이념을 다룬 책은 『대학』이기도 하다. '소학'이 일상생활에서 우리에게 요구되는 여러 잡된 일에 관한 공부라면, 이에 반해 '대학'이란 소학에 비해 차원 높은 '세상 경영'의 일에 관한 학문이다.

우리의 생활에 관한 학문이 '소학'이라면, '대학'은 어린이 상태를 뛰어넘어 세상을 지도할 인격과 자질을 갖춘 '대인(大人)이 되기 위한 학문'이다. 우리가 이 세상에서 살아가기 위해서 공부는 피할 수 없는 것이다. 소학에서 대학에 이르기까지 마음이 한결같이 정돈된 상태에서 공부를 한다면, 이것이야말로 기본에 충실한 것이다. 그렇지 않으면 '사상누각(沙上樓閣)'이 된다. 그런 기본이나 기초가 튼실한 토대 위에서 이루어지는 공부는 나를 인격적 완성자로 만들어주고, 세상이 필요로 하는 모든 진리를 내가 구비하게 해준다. 이 점에서

'경'의 태도가 요구되는 것임을 옛 유학자들은 역설하였다.

마음이 이끄는 몸, 몸이 이끄는 마음

앞에서 여러 차례 지적했듯이, 우리의 몸은 마음이 이끌어야 한다. 그런데 마음이 몸을 이기지 못할 때가 있다. 그때 엉뚱한 생각이 들어, 우리가 정작 해야 할 일을 못하게 된다. 마음이 먼저일까, 몸이 먼저일까? 이것은 계란이 먼저인가, 아니면 닭이 먼저인가라는 물음과도 같다. 그런 토론거리는 제쳐두더라도, 대체로 마음의 통제를 받아 몸은 움직인다고 할 수 있다. 그런데 마음이 혼란할 때가 있다. 우리의 몸이 마음을 혼란시켜서 그렇다고 사람들은 말한다. 이럴 때 '경'이 우리의 마음을 인도할 것이 요구된다.

'경', 즉 '공경'의 뜻은 자못 다양하여, 『중용』에 나오는 '성(誠)', 곧 '정성'과 같은 뜻으로 쓰이기도 한다. 학문의 차원에서 이것은 매우 중요한 역할을 한다. 공경에 힘쓰는 일이란, 소학뿐만 아니라 한 차원 높은 원대한 인간으로 가는 '대학'을 마치는 일에도 일관되게 필요한 것임을 이해하게 될 것이다. 이것이 없으면 마음을 통제하기 어려울 것이요, 모든 일의 기초가 흔들릴 것이다.

현대 문명사회는 우리의 마음을 분산시켜 갈피를 못 잡게 한다. 책상에 앉아 있노라면 마치 알레르기 증후군이라도 있는 것처럼, 우리의 허리는 구부러지고 다리와 발은 춤을 출 때가 많다. 왠지 하염없이 어딘가로 떠나고 싶어지기도 한다. 설사 몸 둘 바를 모르는 마음을 다잡더라도 마음은 좀처럼 '한 곳에 집중'되지 않는다. 옛 선인들은 이럴 때 조용히 앉아서 사색을 하기도 하고, 시를 지어 읊기도 하면서, 세상 사람들이 마음 쓰는 일에는 아랑곳하지 않는 습관을 길렀다. 조용히 방 안에 앉아 몸을 고정하고 마음을 추슬러서, 이치를 찾고 사색하기를 굳건히 한 것이다.

어떤 사람을 가까이 할 때, 자신도 모르게 머리가 수그러지는 경우가 있다. 상대방이 자신을 대할 때 공손한 말씨와 존경하는 태도를 보인다면, 자신이 그를 대하는 태도도 그렇게 되는 경우를 경험하게 된다. 옛 선비들은 아무리 바쁜 생활이라 하더라도 틈틈이 고요함 속에 침잠하는 삶을 병행하였다. 즉 '경'의 태도를 유지한 것이다.

정의로써 바깥을 바르게 하다

유교 경전인 『주역(周易)』에 "'경'으로써 안을 곧게 하고, 의로움으로써 밖을 바르게 한다[敬以直內, 義以方外]."라는 말이 있다. 우리의 마음을 '경' 즉 조심스런 태도로 곧게 할 것과, 정의로써 바깥을 향한 우리의 행실을 올바르게 할 것을 요청한 것이다.

"경이직내(敬以直內 : 경으로써 안을 곧게 하다.)"

    인간이 도덕적으로 완성되려면, 자기의 마음속에서 일어나는 일에 대하여 항상 세심한 주의를 기울여야 한다. 그렇게 함으로써 외부의 자극에 의한 인간의 욕심이 침입하거나 유혹하는 것을 방지하고, 자기의 본성 속에 갖추어져 있는 이치를 보존할 수 있는 것이다. 이렇게 하려면 공경스런 자세를 유지해야 한다. 그리하여 마음속에서 사사로운 욕심이 일어나는 것을 막아내야 한다. 그것은 마음이 항상 깨어 있으면서 끊임없는 자기 성찰로 자신을 확고하게 견제하는 것을 의미한다.

    "의이방외(義以方外 : 의로써 밖을 바르게 하다.)"

    '밖'이란 내가 맞이하는 바깥 세상의 모든 대상들이다. 그것은 우리의 내면 이외에 몸을 비롯하여 가정·마을·사회·국가·인류에 이르기까지, 인간이 관계하는 무수한 단위는 물론, 인간과 물질 세계까지도 전부 포함한다.

    이익과 정의라는 두 가지 기준에 의하여 살지 않으면 안 되는 숙명과도 같은 삶의 방식이 우리를 기다리고 있다. 그렇지만 "의로써 밖을 바르게 하다."라는 기준을 통해 외부 세계를 맞이하지 않으면 안 된다는 명제가 우리에게 주어져 있다.

    정의를 바르게 수행하는 데 지장이 초래될 경우에는 이익을 꾀하지 말아야 한다. 이익은 정의의 조화로운 추구를 통해서 얻어야 한다. 사람들이 이익을 추구하면, 살기 좋은 세상을 만들려는 군자의 마음가짐을 갖는 데 해로움을 줄 것이고, 보통 사람들을 사사로운 탐욕에 빠지게 함으로써 더불어 사는 세상에 악영향을 끼칠 것이다. 그러한 뜻에서 이황은 이렇게 말했다.

"경의협지(敬義夾持 : '경'과 '의'를 함께 견지하다.)"

이황은 『성학십도』에 있는 열 개의 그림들 가운데 제8도인 「심학도(心學圖)」에서, 정복심(程復心)의 『심학도설』을 인용하여 공경에 대한 이론 체계를 제시하였고, 제9도인 「경재잠도(敬齋箴圖)」에서는 주자의 「경재잠」을 인용하여 공경에 대한 구체적인 실천 방안을 제시하였다.

우리가 살고 있는 세계는 나와 남이 대립하거나 맞이하며 교섭하는 관계이다. 우리는 이 사회나 사물 또는 일들을 맞이하지 않을 수 없다. 그런데 우리는 외부 세계와 교섭할 때 대체로 '이익', 즉 이로움의 추구를 기준으로 삼는다. 그러면서도 또 한편으로는 의로움, 즉 정의를 기준으로 삼기도 한다.

정치인이나 지식인 또는 교육자와 같은 사람들은, 옛날로 치면 '군자'라고 부를 수 있는 사회 지도층 사람이다. 그들은 본질적으로 온 세상 사람들이 어떻게 하면 즐겁게 잘 살 수 있을까에 대해 마음을 쓰는 사람들이다. 이른바 정신노동자, 즉 화이트칼라이다.

그런 정신노동자는 참으로 육체노동자들이 살아갈 수 있는 방법까지 대신 고민하지 않으면 안 된다. 한마디로 어려움에 빠져 있는 세상을 구하기 위해 밤낮으로 바쁘게 노력하지 않으면 안 되는 사람들이 본질적으로 정신노동자이다.

그럼에도 불구하고 사람들이 자신의 육체적 편안함만 추구하고, 이익을 자신의 손에 넣는 일에만 매달린다면 세상은 어떻게 될까? 이 땅에서 정의란 찾아보기 어려울 것이다. 정의란 공명정대하게 올바른 일을 하는 것 자체이다. 즉 정의란 어떤 일이나 현안마다 있지 않으면 안 되는 공정한 기준과 올바름의 이치이다.

1차 산업에서 3차 산업, 나아가 정보화 산업에 이르기까지, 거기에 종사하는 모든 사람들이 양심은 팽개치고서 마구잡이로 자신의 이익만을 챙긴다면, 더불어 살아가는 이 사회는 어떻게 될까? 세상은 참으로 삭막해질 것이다.

예를 들어 비즈니스를 통해 이익을 추구하는 것은 당연하지만, 거기에는 반드시 사업하는 사람으로서의 정의가 있어야 한다. 어떻게 이익을 남겨야 '나도 좋고 남도 기쁠까'라는, 즉 '나'와 '고객'을 함께 살리는 기준이 있어야 한다. 적정 수준의 마진(margin)을 남기고, 좋은 품질로 손님에게 기여하겠다는 마음가짐이 있다면, 이때의 이익이란 정의에 어울릴 것이며, 공공의 선(善)으로 이어질 것이다.

"무엇을 바라고 자신에게 보탬이 될 것을 추구한다면, 악을 같이하지는 않는다 하더라도, 그는 벌써 소인으로 귀결되게 된다."

[『퇴계집』 권 19, 「답황중거론백록동규집해」]

사람들은 자주 정의를 말하고 공동선(Common Interests)을 이야기한다. 그러면서도 반드시 '나'를 의식한다. 자기를 양보하지 않는다. 자기에게 뭔가 보탬이 되어야 한다는 생각을 버리지 않는다. 자기에게 이익이 된다는 것을 전제로 정의를 상정한다. 겉으로는 정의를 말하다가도 은연중에 자기도 모르게 무의식적으로 속셈을 드러내고 만다.

가식적인 정의로 자기를 지키려는 욕심에 빠지는 것은 누구나가 흔히 저지르는 잘못이다. 표면적으로는 대인인 척 가장하지만, 단순한 소인의 단계로 접어들고 만다. 그러지 않으려면 '경'의 태도와 '의'의 태도를 함께 지탱하려는 마음가짐을 유지해야 한다. 이런 의미에서 이황은, 자기의 사생활에서 생각은 좋지만 행동이 잘못될 수 있으므로, 반성하고 고쳐가면서 '경'의 자세로 공동생활의 기준인 '의', 즉 정의를 세우려는 태도는 아무리 강조해도 모자란다고 강조하였다.

이익을 보면 정의를 생각한다

이 견해에 따르면, 개인만의 이익을 위해 일을 처리하면, 이치의 공정성을 잃기 때문에 일이 불순하게 된다. 따라서 그러한 방식으로 이익을 추구하는 것은 잘못된 것이다. 반면 '뭔가를 바라는 바' 없이 천리의 당연한 이치를 따라 일을 처리하면, 일이 순조롭게 되어 성공하기 쉬우므로, 구태여 추구하지 않아도 이익은 그 속에서 저절로 생기게 된다.

　　우리가 어떤 일에 착수하기 전에, 그 일을 하도록 유도하는 '그 무엇'인가가 있다. 이것을 자극·이익·보너스·인센티브(incentive)라고 표현하기도 한다. 우리는 그러한 것들에 끌려 다니면서 살고 있다. 고전적인 의미에서의 정의는 무엇보다 우선한다. 정의가 조화롭게 이행되는 과정 속에서 저절로 생겨나는 편리함이나 이로움이 진정한 이익이라는 입장을 유학은 견지한다. 다시 말하면 정의를 실천하는 과정에서 얻게 되는 이점, 즉 공동 이익을 유학은 '이익'이라고 여긴다. 이러한 맥락에서 이황은 사적인 것과 공적인 것을 구분하였다. 공적인 기준에 어긋나면서까지 개인적인 이익을 추구하는 삶을 경계하면서, 정의와 이로움의 관계는 과연 어떠해야 하는지를 말해주었다.

　　우리에게는 공동의 이익을 보존하는 단위로서 국가가 있다. 대한민국이라는 국가는 민족 공동체로서의 한민족이 주체가 되어 이루어진 것이다. 여기에서 우리는 정의와 이익의 관계에서 민족과 국가를 생각해볼 수 있다. 민족이 정의에 속하는 것이라면 국가라는 이익에 속하는 것이고, 민족이라는 정의의 보존을 통해서 자연스레 국가의 이익은 보존되는 것이라 해도 틀린 말이 아닐 것이다.

　이순신·최익현·유관순 등과 같은 사람들이 지킨 민족 정의의 실현, 곧 외족과 힘차게 싸우는 일은 자연스레 우리나라의 이익을 추구하는 것이었다. 반면 이완용 같은 사람들의 민족에 대한 불의의 행위는 자연스레 국가의 불이익을 초래하였다. 또 이런 가정을 통해 정의와 이익의 관계를 설명할 수도 있을 것이다. 즉 여대생을 겁탈하려는 치한에 맞서 어떤 직장인이 싸운 행위는 정의 실현의 극치이고, 그러한 행위의 결과는 우리의 공동 이익에 직결된다.

　때로는 정의를 실천하기 위해서는 목숨을 잃을 수도 있는 위험이 따르기도 한다. 그렇지만 그것은 기준 없는 이익의 추구보다 더 확실하게 우리들의 삶을 공존하게 해준다. 이런 사실은 온 누리의 차원에서 인류애를 정의로 여기면서 살다 간 수많은 과학자·의사·발명가들을 통해 증명된다. 그들의 삶이 있었으므로 오늘날의 우리가 존재할 수 있는 것이다. 우리 민족의 역사를 보더라도, 어려운 시기마다 선현들이 있기 때문에 우리의 역사가 끊이지 않을 수 있었으며, 지금의 각박한 상황에서도 정의가 뭔가를 생각하며 살아가는 사람들이 있기 때문에 우리는 이 땅에서 살아갈 수 있는 것이다.

　우리가 남산 중턱에 있는 안중근 의사 기념관의 뜰에 가보면 "見利思義, 見危授命(견리사의, 견위수명)"이라는 문장이 새겨진 돌기둥을 볼 수 있다. 이 글은 다름 아닌 "이익을 보고 정의를 생각하며, 위태로

남산의 안중근 의사 기념관 뜰에 세워져 있는 돌기둥의 모습이다. 여기에는 안중근 의사 친필인 "見利思義, 見危授命"이라는 글귀가 새겨져 있는데, "이익을 보고 정의를 생각하며, 위태로움을 보고 목숨을 바친다."라는 뜻이다.

움을 보고 목숨을 바친다."(『논어』)라는 뜻이다. 소월길을 따라 가노라면 또한 이황 선생과 정약용 선생의 동상도 보이는데, 길을 굽이돌아 안중근 의사 기념관의 뜰에 들어서면 마음이 차분해지고 넓어진다. 이곳이야말로 우리 민족의 의리 정신을 기념하는 곳이기 때문이다.

역사적으로 나라가 어려운 처지에 놓일 때마다, 뜻있는 우리 조상들은 이 의리 정신으로 살았다. 정몽주가 그랬고, 최익현·안중근 등이 모두 그렇게 살았다. 의리란, 의로운 이치라고 말할 수 있다. '의(義)'이든 '의리(義理)'이든, 그것은 자연의 이치로서, 사람에게 부여되는 올바름이라고 우리 조상들은 믿고 살아왔다. 그것이 곧 선비정신이다. 선비는 바로 자기에게 주어진 상황에서 무엇이 올바른 것인가를 따져본 뒤, 어떤 외부의 억압에도 굴하지 않고 이 의리를 실천하는 사람이다.

또한 직업인에게는 장인 정신이 있다. 이렇듯 개인이나 나라에는 줏대·주체성·동질성이 있다. 그래야 내가 살고 나라가 살 수 있다. 안중근은 1905년에 을사조약(乙巳條約)이 체결되자 의분을 참지 못하고 연해주(沿海州)로 망명하여 의병운동에 참가하였다. 을사조약은 우리가 원해서 이루어진 것이 아니라, 일본에 의해 강제로 체결된 것이라고 하여 '을사늑약'이라 부르기도 한다.

안중근은 1909년에 동지 11명과 함께 손가락을 잘라, 죽음으로써 나라를 구하는 투쟁을 벌일 것을 맹세하였다. 마침 그해 10월에 이토 히로부미가 러시아 재무상(財務相)인 코코프체프와 회담하기 위해 만주의 하얼빈에 온다는 소식을 듣고 그를 사살하기로 결심하였다. 그는 1909년 10월 26일, 하얼빈역에 몰래 들어가 역전에서 러시아군의 깍듯한 예우를 받는 이토 히로부미를 사살하고, 현장에서 러시아 경찰에게 체포되었다. 그리고 뤼순에 있는 일본 감옥에 수감된 후, 1910년 2월의 재판에서 사형을 선고받고, 다음달인 3월 26일 오전 10시에 형이 집행되어 순국하였다.

우리 민족에게는 의리 정신이 하나의 민족적 동질성으로 갖추어져 있다. 주어진 상황에서 어떻게 살아야 인간으로서 '마땅함'의 도리를 다하는 것인지에 대한 반성을 끊임없이 해왔다. 이것은 든든한 민족의 자산이다. 나라를 지탱해주는 무엇보다 중요한 혼이었다. 그렇게 사는 것은 쉽지 않지만, 어려울 때마다 나타나 의리를 실천한 조상들이 있었기에 가능했다. 그들의 의리 정신 때문에, 끊이지 않고 이어져온 수많은 외적의 침입에도 불구하고 겨레와 나라를 유지해올 수 있었다. 이 지구촌의 자그마한 한 부분인 한반도의 영토를 지탱하면서, 반만 년 동안 이어져온 생명력으로 오늘도 국가를 유지하며 살아가는 것은 선현들의 의리 정신이 있었기에 가능했다.

고려 시대에는 정몽주·이색·길재·서견·원천석·김진양·이숭인·조견·안원·김수·우현보·조신충·이고·이집·김자수·송유·허도·허금·이양중·박유·윤충보가 있었고, 조선의 격동기에는 또한 사육신과 생육신을 비롯하여 조헌·김종직·조광조·조식·이황·이이 등이 있었다. 조선 말기에는 단연 최익현과 안중근이 있었으니, 우리나라가 망하지 않고 존재하는 것은 이들에게 힘입은 바가 크다.

'견리사의', 즉 이익을 보면 정의를 생각해야 한다. 어떤 기준에서 이익을 취할 것인지, 내가 취하는 이익이 나 이외에 남·나라·세계인에게 손해가 되지는 않는지 살펴야 한다는 것이다.

이른바 을사오적(乙巳五賊)들이야말로 정의에 위배되는 이익을 추구한 사람들이다. 자기들만의 나라가 아니라는 것을 알면서도 나라를 팔아먹었다. 1905년에 을사조약을 강제로 체결할 당시, 한국측 대신들 가운데 조약에 찬성하여 서명한 다섯 명, 즉 박제순(朴齊純, 외부대신)·이지용(李址鎔, 내부대신)·이근택(李根澤, 군부대신)·이완용(李完用, 학부대신)·권중현(權重顯, 농상부대신) 등의 을사오적처럼, 너나 할 것 없이 자신만의 이익을 취하는 데 눈이 멀어 나라를 팔아먹는 일이 다시 일어난다면 어떻게 될까? 나라에 위기가 닥칠 때마다 선비들은 "큰 의리가 목숨보다 중요하다."라고 하였다. 자신의 이익을 위하여 그 의리를 저버리지 않고, 죽음 앞에서도 굳건히 그 의리를 지켰던 선비정신은, 삶의 방법을 찾지 못하고 방황하는 우리에게 많은 것들을 가르쳐주고 있다.

제4장

배려, 사랑 그리고 존경의 길

1. 사람이 살기에 편안한 집-인(仁), 올바른 길-의(義)

공자나 맹자는 인(仁)에서 관심을 떼지 않았다. 유학에서 말하는 '도'는 사람이 실천해야 할 '인'의 '길'이다. 이 '인'을 말한 대목이 『논어』에 100곳 이상이나 보인다. 그만큼 공자는 그의 사상적 생명력을 '인'에 부여하였다. '인'은 '남에 대한 사랑'이나 '나의 마음과 상대의 마음이 서로 진실하게 통함'과 같은 의미로서, 공자 사상의 핵심을 이루고 있다.

'인'이란 오래된 언약의 실천을 평소의 말에서도 결코 잊지 않는 사람의 길이다. 그렇게 해서 완성된 사람의 면모를 갖춘다. 이렇듯 완성된 사람이 바로 다름 아닌 성인(成人)이다.[『논어』 「헌문」] '성인'이란 스무 살 정도 된 사람을 말하기도하지만 재치나 예절과 같은 문화적 교양이 몸에 배어 있는 인자한 사람의 모습이기도 하다. 그런데 '인'은 항상 '의'와 더불어 강조된다.

이미 앞에서 살펴보았듯이, '인'은 사람이 살기에 가장 넓고 편안한 집이다. 대장부가 살면서 사람을 맞이하는 집과 같다. '의'는 사람이 가야 할 올바른 길이다. 이 점은 누구나 다 알고 있다. 그렇지만 사람들은 정작 이런 편안한 집에 살지 않으며, 올바른 길을 가지 않는다. 그리하여 늘 싸움이나 벌이는 것을 전국시대의 사상가인 맹자는 매우 슬퍼하였다.[『맹자』「이루장구 상」]

우리는 가끔 바람직하지 않은 일을 저지르고 나서 후회하는 경우가 있다. 때로는 실수로, 때로는 순간적인 충동으로 인해 비도덕인 행위나 범죄를 저지르고 불안해하는 경우도 있다. 그럴 바에야 정의롭게 살면서 마음의 평안을 유지하는 편이 차라리 낫다.

우리의 마음은 본성적으로 정의를 추구하도록 되어 있다. 자기 자신이 불의를 저지르거나 혹은 남이 불의를 저지르는 것을 목격할 경우, 가만히 있지 못한다. 자신이 본의 아니게 불의를 저지를 때는 말할 것도 없고, 다른 사람이 불의를 저지르는 것을 보고도 못 본 체하며 그냥 지나치는 경우에도 왠지 불안함을 떨칠 수 없다. 그러는 순간 마음속에 자리잡고 있는 정의감이 움직이기 때문이다. 이황은 이렇게 말했다.

"무엇을 의(義)라고 하겠습니까? '일의 마땅함'을 이르는 것입니다. 그렇다면 어리석음을 숨기고 벼슬을 훔치는 것이 마땅함이라 할 수 있겠습니까? 병으로 제대로 수행하지 못하면서 녹(祿)만 받아먹는 것이 마땅함이라 할 수 있겠습니까? 헛된 이름으로 세상을 속이는 것이 마땅함이라 할 수 있겠습니까? 그릇된 것인 줄 알면서도 염치없이 나아가는 것이 마땅함이라 할 수 있겠습니까? 직무를 제대로 수행하지도 못하면서 물러나지도 않는 것이 마땅함이라 할 수 있겠습니까? 이 다섯 가지의 마땅하지 못한 것을 가지고 조정에 선다면, 그 신하된 의리가 어떻겠습니까?

그러므로 감히 나아가지 못하는 것은 다만 '의'라는 한 글자를 성취하고자 할 따름입니다."[『퇴계집』권6]

이 글은 「무오년에 올린 사직소」의 일부인데, 그가 58세 되던 해(명종 13년, 1558년)에 올린 상소문이다. 그해 6월에 영의정 심연원(沈連源)과 대제학 정사룡(鄭士龍)이 경연(經筵)에서 선생에게 경직(京職)을 제수하도록 계청(啓請 : 임금에게 아뢰어 청함)하였는데, 그는 이 소식을 듣고 윤7월에 이 사직의 소(疏)를 올렸다. 왕의 명령에 따라 9월에 한양에 들어갔고, 10월에 성균관 대사성(大司成)에 임명되었지만, 이황은 '의'란 '일의 마땅함'을 뜻한다고 하면서 조정에 들어설 수 없음을 간절하게 고했다.

'의(義 : 정의)'는 '의(宜 : 옳음)'이다. 우리가 처한 곳에서 '마땅히 해야 할 일'이 바로 '올바름'이고 '정의'이다. 이황에 의하면, 어리석음을 숨기고 벼슬을 훔치는 것은 옳음이 아니며, 병으로 임무를 제대로 수행하지도 못하면서 봉급만 받아먹는 것도 옳음이 아니다. 헛된 이름으로 세상을 속이는 것은 옳음이 아니며, 그릇된 것인 줄 알면서도 염치없이 나아가는 것도 옳음이 아니며, 직무를 제대로 수행하지도 못하면서 물러나지 않는 것도 역시 옳음이 아니다. 『중용』에서도 "의라는 것은 옳음이다."[『중용』 20장]라고 했다.

결국 '인'은 참으로 수많은 사람들이 머물 수 있는 사랑의 집이요, '의'는 우리 모두가 기대어 살 수 있는 '올바름'의 길, 즉 정의이다.

2. 모두가 즐거운 대동사회

사람들은 가끔 '즐거운 세상'에 대하여 이야기한다. 그런 세상은 '인'이 실현되고 정의가 바로 선 세상이다. 치우침이 없고 기울어진 것이 없는 공평한 세상이 바로 즐거운 곳이고 좋은 사회이다. 유학에서는 그런 세상을 '대동사회'라고 한다. 모든 사람들이 '크게 하나가 되어' 각자에게 부족할 것이 없고 어려운 일이 없는 유토피아가 바로 '대동'의 세상이다.

유가의 고전들 중 하나인 『예기』에서는, 결코 바람직하지 않은 방향으로 돌아가는 사회 상황을 '소강(小康)'이라고 규정하고 있다. 이런 사회는 어지러운 세상과 약간 다를 뿐, 그저 그런 '막힌 세상'이다. 그런 세상을 넘어 각자의 권리를 누릴 수 있고, 삶에 필요한 모든 것들이 구비되어 있는 것이 바로 대동사회이다. 그런 세상에서는 대도(大道)가 행해진다. 거기에서는 온 세상을 공공의 공유물로 삼는다. 대동사회에서는 어진 자나 재능이 있는 자를 뽑아서 진실과 믿음을 강구함으로써 세상 사람들이 화목할 수 있는 길을 찾는다. 그래서 사람들은 유독 자기의 자식만을 친애하지 않으며, 노인으로 하여금 안락하게 그 수명을 마칠 수 있도록 하고, 젊은이로 하여금 충분히 자기의 역량을 발휘할 수 있게 하니, 이런 세상이야말로 유토피아라고 하기에 충분하다.

> "홀아비·과부·부모 없는 고아·자식 없는 외로운 사람, 그리고 질병이 있는 사람들이 모두 부양되는 것이다."[『예기』「예운편(禮運篇)」]

우리가 살고 있는 이 세상에서 홀아비·과부·부모 없는 고아·자식 없는 외로운 사람과 몸이 아픈 사람은 참으로 딱한 처지에 놓인 사람들이다. 그런 사람들은 우선적으로 보살펴져야 한다. 그 다음으로는 사람들이 일자리를 가져야 한다. 할 일이 없다면, 그보다 더한 지옥도 없다. 나이가 들면 결혼하여 가정을 꾸릴 수 있어야 한다. 재물도 있어야 한다. 대동의 세상에서는 재물이 땅바닥에 함부로 버려지는 것을 좋아하지 않는다. 그렇다고 나 한 사람의 사유물로 여겨 쌓아놓지도 않는다. 그 같은 여유와 격조가 있는 세상이 오면 얼마나 좋을까?

바야흐로 윤리·도덕·이치·인륜을 말하는 사람은 있지만, 그 외침을 듣는 사람은 그리 많지 않은 시대이다. 이른바 효율성·도구성·계산의 메커니즘은 '돈'이 되지 않는 것에는 마음을 쓰지 않는다.

더욱이 감성이나 정감 표현의 시대가 되어 아무리 고상한 이치가 담겨 있다 하더라도 사람들은 더 이상 귀를 기울이지 않는다. 몸이나 감각으로 느낄 수 있는 '돈'과 같은 물질성을 지나치게 추구한 나머지, 고상한 이치는 사람들이 거부한다. 한마디로 말하자면 물질적 생산성을 확보해주는 이치가 먼저이고, 도덕성 따위는 뒷전인 시대가 되었다. 아무리 좋은 이념이 있더라도 그것이 현실적으로 자기의 이해(利害)와 관계가 없으면 사람들은 외면하고 만다.

이러한 시대에는 '효'도 하나의 이념과 같이 여겨져서 '남의 일'처럼 취급되기 십상이다. 이런 때일수록 '효'는 오히려 더욱 관심을 가져볼 만한 사안이다. 왜냐하면 '효'만큼 효율적으로 사회에 이익을 가져다주는 것은 없기 때문이다. 효는 도덕적으로도 바람직한 삶의 이치이며, 이 사회가 안정될 수 있게 해주는 장치이다.

효는 인간이 담아내지 않으면 안 되는 인륜의 질서이다. 사회적 관계를 중시하는 젊은이들로서는 관심을 갖기 힘든 것일 수 있지만, '나'와 가장 밀접한 현실이자 으뜸의 인간관계로서 부모에 관한 것이어서, 영영 외면할 수는 없는 것이다.

사람이 실천해야 할 어떤 이치나 진리가 있을 경우, 가장 우선적으로 적용하지 않으면 안 되는 대상은 바로 부모이기 때문에, '효'는 매우 의미심장한 주제가 되기에 충분하다. 오늘의 나를 있게 한 부모, 이제는 늙어서 자급자족이 불가능한 상태에 있는 사람인 부모를 위한 것이라는 점에서, 배려의 이치를 실현하기 위한 '장'이 되기에 충분하다.

3. 감성적 이성 행위, 효

굳이 맹자가 말한 측은지심(惻隱之心)을 거론하지 않더라도, 현실적으로 절실하게 배려되어야 할 대상에 대해 무관심한 사람은 거의 없다. 더욱이 당초 한국인은 정이 많은 민족이어서 정감과 감성이 풍부하다. 『삼국지』 「위서동이전(魏書東夷傳)」에 따르면, 한국인은 풍류를 좋아하는 민족이다. 그만큼 '효'를 담아낼 수 있는 정서적 기반이 풍부하게 마련되어 있는 것이다.

오늘의 한류 문화도 민족 특유의 가무 전통이나 놀이 문화의 '맥'에서 그 연원을 찾을 수 있다. 세계의 어느 민족 못지않게 중국 중심의 문명주의에 의해 오랑캐 취급을 받아 왔지만, 노래와 춤을 좋아하며, 수많은 외세의 침입에도 굴하지 않은 은근과 끈기의 민족적 자질 때문에, 오늘날 한류 열풍이 불고 있는지도 모른다.

　감정이 풍부하고 '정(情)'이 많은 민족적 정서는 '이치'를 실현하기 위한 동력이 될 수 있다. 그런데 물질문명을 발달시키는 이치뿐만 아니라, 사랑과 배려라는 도덕적 이치의 실천도 역시 사람들의 의지가 있어야만 가능할 수 있다. 사랑이든 배려든 그 이치는 정감으로 실천하는 것이고, 정감에 의해 효도 실천되는 것이다. 이러한 의미에서 한국은 어느 나라보다 부모를 사랑하는 행위로서의 '효'를 실천하기 위한 훌륭한 잠재력을 갖추고 있다고 할 수 있다.

　최근에 우연히 100세를 누리고 세상을 떠난 노인들과 그 가족에 관한 사연을 접하게 되었다. 80세라는 많은 나이에도 중국이나 러시아 등지를 관광하면서 활발히 활동하다 세상을 떠난 두 할아버지와, 만 100세가 넘어서야 약간의 치매 증상을 보이다가 두 달 남짓 후에 세상을 떠난 할머니를 봉양했던 가족의 애틋한 사연들이 이 글을 쓰면서 언뜻 떠올랐다. 두 할아버지는, 이름을 말하면 금방 알아차릴 수 있는 자손을 둔 사람들이었고, 할머니는 현재 어떤 기업체에서 근무하고 있는 50대 중반의 손자를 두고 있었다. 이들 가족이 20여 년 동안 모범적으로 '효'를 실천한 사례에서, 이 시대에 과연 '효'는 어떠해야 하는가에 관한 시사를 얻을 수 있었다.

할머니를 노인요양원에 보내지 않고 끝까지 집에서 모신 사람은 손자며느리였다. 물론 두 할아버지도 노인요양원에 보내지지 않고, 세상을 떠날 때까지 편안하게 집에서 살면서 자손들의 봉양을 받았다.

그것이 무엇인지 할머니는 모르셨을 것이다. 할머니는 벽에다 마치 치즈를 바르듯이 그것을 손가락으로 마구 문질러놓으실 때가 있었다. 정신이 멀쩡하시다가도 한 번씩 일을 저질러놓으시는 날이면, 나는 하루 세끼를 다 찾아 먹기가 쉽지 않았다. 어떤 때는 요양원에다 모시고도 싶었지만 차마 그럴 수가 없었다. 만약 요양원에 모신다고 치자. 남편이 학을 떼었을 것이다. 그런데 나도 차마 그렇게 하도록 마음이 허락하지 않았다.

이제 갓 직장에 들어간 상철이가 또한 주말이면 할머니를 보살펴주기도 했고, 상준이도 할머니가 '일 벌이는 것'에 대하여 아랑곳하지 않고 깨끗이 방안을 원상회복시켜 놓을 때가 많았다. 모두가 나에게 큰 보탬과 위로가 되었다. 주말에는 바람도 쐴 수 있고 등산도 할 수 있어서 지낼 만하다. ······아 모두가 잠깐이구나. 이젠 할머니가 돌아가시고 안 계시니 허전하기 이를 데 없다. 너무나 뵙고 싶다. 남편은 가끔씩 할머니가 계시던 방에 들어가 멍하니 앉아 있곤 한다. 사람 마음은 다 똑같은가 보다.

이 글은 「손자며느리의 할머니 봉양기」라고 할 수 있다. 부모나 조부모·시부모를 모시는 이야기는 그 어떤 스토리보다 더 감동을 준다. 현장성·실재성이 생생한 이 이야기는 서울에 사는 어느 한 가족이 실제로 겪었던 일이자, 우리가 알지 못하는 사이에 전국 곳곳에서 일어나고 있는 갸륵한 모습일 수도 있다.

대표적인 '할머니 봉양기'로는 이밀(李密, 224~287년)의 「진정표(陳情表)」가 있다. 이밀은 중국 진(晉)나라 때의 무양(武陽) 사람으로, 태어난 지 6개월 만에 아버지를 여의었다. 이어서 네 살 때 어머니 하씨(何氏)가 개가하자, 할머니의 품에서 자랐다. 그런데 그는 어려서부터 병이 잦아, 아홉 살이 될 때까지도 제대로 걷지 못했다고 한다. 친가 쪽으로는 형제도 없고 큰아버지나 작은아버지도 없었기 때문에 의지할 곳 없이 외롭게 자란 이밀은 간신히 성년(成年)이 되었다. 게다가 가운(家運)이 쇠락하고 타고난 복이 없어 자신도 늦게야 자식을 두었다. 밖으로는 기복(朞服)과 공복(功服) 등 상복(喪服)을 입을 만한 가까운 친척도 없었고, 안으로는 대문에 나아가 손님을 응접할 어린 동자 하나 없었다. 이밀은 오직 자기 자신의 그림자와 서로 위로하며 지내고 있었다. 이때 촉(蜀)의 전 태수(太守)인 가규(賈逵)는 이밀을 효렴과(孝廉科)에 응시하도록 추천해주었고, 뒤에 자사(刺史)인 고영(顧榮)은 이밀에게 수재과(秀才科)를 부여하여 촉한(蜀漢)의 관리가 되게 하였다.

그런데 촉한이 멸망하자, 진무제(秦武帝) 사마염(司馬炎)은 그를 태

자세마(太子洗馬)에 임명하려고 했다. 하지만 그는 병상에 누워 있는 할머니를 봉양하지 않으면 안 되었기에, 번번이 임금의 제안을 거절하였다. 하지만 사마염도 집요하게 이밀에게 관직을 맡기려는 의지를 꺾지 않았다. 그러자 이밀은 더 이상 임금의 요청을 거절할 방법이 없음을 알고, 자신의 처지를 글로 써서 올렸다. 황제에게 「진정표」를 올려 관직을 사양하고 할머니를 모시려고 했다.

이밀은 미천한 신분으로 외람되게도 왕세자를 모시는 벼슬에 임명되는 은혜를 입었으니, 이것은 자신이 직분을 다하다가 목이 떨어진다 해도 그 은혜를 다 갚을 수 없는 일이라고 하였다. 그러면서 그간의 사정을 자세히 밝힌 뒤, 벼슬을 사양하며 관직에 나아가지 않았다. 그랬더니 왕은 더없이 급박하고 엄중한 조서(詔書)를 내려, 그가 부름에 응하지 않는 것은 왕명을 회피하고 직무를 태만히 하는 짓이라고 꾸짖었다. 그리고 군(郡)과 현(縣)에서는 관리들이 나와 이밀을 다그치며 벼슬길에 나아가라고 재촉하고, 주(州)의 높은 관리들도 문 앞까지 와서 빨리 왕명을 받들라고 채근했다.

이밀이 부름을 받들어 관직에 나아가면, 할머니 유씨(劉氏)의 병환을 간병할 사람이 없어 날로 악화될 것이고, 그렇다고 이밀이 늙은 할머니를 간병하기 위해 관직에 나아가지 않으려고 자신의 사정을 아뢰고 호소해도 임금이 들어주지 않을 것이니, 이밀로서는 이래저래 낭패(狼狽)가 아닐 수 없었다. 그는 임금에게 올린 표에 이렇게 적었다.

엎드려 생각하건대, 오늘날 성조(聖朝)에서는 효(孝)로써 천하를 다스리고 있습니다. 때문에 노인들은 모두 폐하의 은혜를 입어 따뜻하게 대접받고 있습니다. 하물며 신과 같이 외로운 사람의 조모님에게는 그 은혜가 얼마나 깊겠습니까! 더욱이 신은, 위조(僞朝) 촉한(蜀漢)을 섬겨 한때 상서랑(尚書郞)의 벼슬을 지낸 적이 있습니다. 처음부터 벼슬로 영달을 꾀하려 했을 뿐, 명예나 절조(節操)를 자랑할 생각은 없었습니다. 오늘날 신은 망국(亡國)인 촉한의 천한 포로와 같은 신세로, 지극히 보잘것없는 미천한 자입니다. 그런데도 폐하께서 큰 은혜를 베풀어 신을 발탁해주셨으니, 어찌 감히 망설이며 더 바랄 것이 있겠습니까! 다만 조모 유씨의 명이 서산에 해가 지려는 듯 경각(頃刻)에 있고, 숨이 당장에라도 멈출 것만 같아, 명을 받들지 못할 뿐입니다. 사람의 명이란 참으로 위태롭고 허망한 것이어서, 아침에 멀쩡하던 유씨의 명이 저녁이면 어찌 될지 알 수가 없습니다. 신에게 조모가 없었던들 오늘의 신은 있을 수 없습니다. 또 신의 조모는, 신이 없으면 여생을 마칠 수가 없습니다. 조모와 손자 두 사람은, 서로가 서로의 목숨을 이어주고 있는 셈입니다. 신은 이러한 일에 마음을 졸여, 조모를 버리고 멀리 떠날 수가 없는 것입니다.

신의 나이 금년 마흔넷이며, 조모의 나이 아흔여섯입니다. 그러니 신이 앞으로 폐하께 충절을 다할 날은 많이 남아 있지만, 유씨의 은혜에 보답할 날은 얼마 남지 않았습니다. 까마귀 새끼가 자라서 늙은 어미에게 먹이를 물어다 주듯, 노모를 봉양하려는 신의 마음도 그와 같습니다. 부디 유씨가 천명을 다할 때까지, 신으로 하여금 조모를 봉양할 수 있도록 해주시기 바랍니다. 신의 절박한 사정은, 촉나라의 여러 사람들만이 아는 것이 아니라, 양주(梁州)와 익주(益州)의 태수까지도 환히 알고 있으며, 천지의 신께서도 밝게 비추어 보고 있는 터입니다. 조모 유씨께서 요행히 여생을 잘 마치게 될 것 같으면, 신은 살아서 마땅히 목숨을 바치고 죽어서라도 결초보은(結草報恩)하겠습니다. 신은 개나 말처럼 두려워하는 감정을 이길 수가 없어서, 삼가 이 진정표를 바쳐서 이렇게 알려드립니다.

구구절절 병든 할머니에 대한 이밀의 공경의 정신이 묻어난다. 이처럼 여러 전적(典籍)들을 통해 알 수 있는 '효'의 정신은 기본적으로 노인에 대한 공경이다. 결코 가족에만 한정되는 것이 아니라, 이웃·사회·세계로 확대할 필요가 있는 사랑의 덕목이다. 그것은 차원 높은 질적 배려 문화의 한 단면이다.

그런데 앞에서 예로 든 분들이 건강하게 100세의 삶을 누린 것은 이러한 '효'가 실천된 귀중한 사례라고 할 수 있다. 어떻게 보면 효는 단순노동에 의거했던 농업사회를 떠받치기 위한 최소한의 사회적 안

정망이기도 했지만, 거기에는 반드시 따뜻한 인간미가 담겨야 한다는 문제의식이 있었다.

결국 '인(仁)'을 실천하는 과정에는 반드시 효의 실행이 있어야 한다. 그와 함께 노약자에 대한 물리적 배려뿐만 아니라 인도주의적 정신을 듬뿍 담는 것이 또한 '인'의 본령이다.

4. 세상을 구하는 효

우리나라는 1970년대 초반에, "1,000불 소득, 100억 불 수출"을 외치는 구호와 함께 "새벽종이 울렸네. 새아침이 밝았네. 우리 모두 일어나……"라는 노랫소리가 귀에 따갑도록 라디오와 TV를 통해 흘러나왔다. 1980년대와 90년대에는 일본에 여행하는 사람에게 소니 카세트나 코끼리 밥통을 하나 사다 달라고 부탁하는 일이 관행처럼 되어 있었는데, 이러한 일들이 지금은 까마득한 옛날이야기가 되어버렸다. 우리나라도 이제는 물질적으로는 풍요를 만끽할 수 있게 되었기 때문이다. 휴대전화·반도체·제철·자동차·조선 등 첨단 산업 분야가 세계 최고의 수준에 이르렀고, 쌀이 남아돌아서 정부 창고에서 몇 년씩 묵어가는 상황이고 보면, 1960년이나 70년대에는 꿈도 꾸지 못하던 세상이 된 것이다. 또한 정치적으로 민주주의도 그때에 비하면 상당 부분 발전하였다. 인터넷뿐만 아니라 산업 분야에서도 여러 가지 브랜드가 세계 최고로 인정받고 있다. 그야말로 '빨리빨리' 많이도 이루었다.

그렇다고 그에 비례하여 한국은 살기 좋은 나라가 된 것인가? 물질문명을 근간으로 하는 근대성은 상당한 성과를 거두었지만, 그것에 비례하여 '돈'이 되지 않으면 거들떠보지도 않는 획일주의도 동시에 만연되어 있다. 남녀노소를 막론하고 내면적으로는 삭막하게 변해버린 것이다. "내가 왜 그것을?"이라고 따지는 도구적 이성주의에 빠져버린 것이다. 서구적 근대 이성주의와 욕망 추구의 편향성이 수반된 물질주의의 타성에 모두들 젖어 있다. 정치 지도자들은 자기에게 이롭기만 하다면, 국민을 밥 먹듯이 속이고, 보수와 진보, 좌와 우로 나뉘어 서로를 몰아붙이며 편향적 이익을 추구하고, 학연·지연을 동원하여 온갖 이익을 농단하려 한다. '나' 이외에 남은 거들떠보지도 않는다. 자신에게 이익이 되지 않기 때문이다.

이런저런 이유로 우리나라는 아직 선진국이라고 하기에는 부족하다. 특히 근대적 이성주의·합리주의는 달성했지만, 아직 천박한 물질 행위에 의한 삶의 행태에서 벗어나지 못하고 있기 때문이다. 이른바 '천박한 자본주의'에 빠져 있는 것이다. 지금은 또 1980년 이후에 세계가 진입하기 시작한 신자유주의적 근대성 단계로 접어들어, 1등만이 살아남는 세상으로 바뀌었다. 경제가 성장은 하는데 일자리는 늘지 않는다. 아무리 GDP가 늘어나더라도 귀족적인 산업집단, 예를 들어 휴대전화·반도체·자동차·제철·조선과 같은 세계 1등 기업에 의해 주도되는 경제성장의 그늘은 자꾸만 짙어지고 있다. 기계가 일꾼 노릇을 톡톡히 하는 탓에 일자리는 만들어지지만, 그 자리는 사람 대신 기계가 차지하고 있다. 사람은 기계가 하는 일에 종이 되어 시중을 드는 꼴이 되어버렸다. 그런 탓에 소비 주체가 되어야 할 청년들은 직업을 갖지 못한 채 헤매고 있고, 노인은 정말 노인인지 장년인지 구분할 수 없을 정도로 건강 상태가 양호하고 평균수명은 길어졌는데, 노년층의 비중은 갈수록 커지고 있다. 이런 시대에 '효'를 이야기하는 게 무슨 의미가 있느냐고 반문할 수도 있다.

하지만 이럴 때일수록 '효'의 진정한 의미를 되살려내야 할 필요가 있다. 그 이유는 다음과 같다.

첫째, 효는 배려를 위한 훈련의 도구가 되기에 충분하기 때문이다. 당초 효가 건강한 인간관계를 의미하는 '인(仁) 실천의 근본'이라고 했거니와, 같은 맥락에서 "우리 집 노약자를 공손하게 잘 모셔 남의 집 노약자에게 확대하고"[『맹자』 「양혜왕장구 상」], 이를 바탕으로 하여 '약자에 대한 사랑 실천'의 범위를 온 누리로 넓혀갈 수 있기 때문이다. 인간의 심리상 어쩔 수 없이 우리 집을 먼저 보살필 수밖에 없다. 먼저 내 부모와 내 자식을 챙기고 나서는, 반드시 이웃으로 확대해 가는 방법이 현실적이다. 이 마음을 활용하여 이웃 사랑을 유발시키고, 더 나아가 전 사회를 유기적으로 연결하는 대동의 실천이 가능할 수 있다.

둘째, '효'는 내 주변을 내다보게 하는 '여유의 공간'이 될 수 있기 때문이다. 내 가족의 어른에 대한 배려에서 출발하여, 우리 집 밖의 사회 구성원에 대한 극진한 공경과 존경의 습관을 유발할 수 있다. 우리가 하는 일도 역시 '효'를 실천할 때 요구되는 자세로 임할 수 있게 하여, 빈틈없는 세상을 영위하는 계기를 마련할 수 있다.

인간에 대한 배려 행위는 물질성 추구의 메커니즘 포착을 용이하게 할 수 있다. 사람을 생각하고 사랑하는 '꼼꼼함'을 우리가 살면서 만나게 되는 세상일에 적용해보는 것이다. 가정에서는 온갖 정성을 쏟아 부모형제와 즐겁게 지내고, 밖에 나가서는 조심스런 태도로 손님을 만나고, 나의 공부를 열심히 한다면, 그것이야말로 또 다른 배려일 것이고, '나를 성공으로 이끄는 것'이 될 터이다. 물론 어른인 아버지나 형도 역시 그들이 각자 맡은 일에 성공적으로 임할 수 있을 것이다.

진정한 '효'의 실천은 사물의 질서, 즉 사리 판단에도 도움을 줄 수 있을 것이라는 생각은 결코 틀리지 않다. 부모를 매우 극진히 모시는 사람은 자기의 사업도 게을리 하지 않는다. 부모에 대한 진심과 공손의 태도를 자신이 하는 일에도 성공적으로 확장하여 적용하기 때문이다. 또한 그의 자녀들은 학업 성취도가 높다. 노약자에 대한 세심한 배려의 태도는 꼼꼼하게 진리를 탐구하는 자세로 연결되기 때문이다.

앞에서 예로 든 손자며느리가 할머니를 모신 가정의 경우, 증손자인 상철이와 상준이도 합심하여 할머니를 잘 모셨다. 불행히도 증조모보다 조부모가 먼저 세상을 떠났음에도 불구하고, 집안에서는 50대 중반의 상철이 부모는 물론 온 가족이 조모이자 증조모의 건강 100세를 위해 정성을 쏟았고, 문밖에 나가서는 각자 모두 자기의 일에 충실했다.

셋째, 효는 사회 구성원들이 공존하기 위한 수단으로 작용할 수 있기 때문이다. 가족 안에서 자식을 열심히 기르면서도 노후를 걱정하지 않고, 노후에는 자식으로부터 보답을 받을 수 있는 사회 분위기 조성에 도움이 될 것이다. 마치 그룹 보험을 들듯이 가족 구성원들이 '효' 정신을 통해 서로 안전망을 구축하고, 이러한 가족 안전 인프라는 사회 구성원이 서로 유기적으로 따뜻하게 품어내는 분위기를 성숙하게 할 것이다. 우리나라에는 국민연금법이 있어서 노후의 생활을 최소한이나마 보장해주고 있지만, 시대의 변화에 적응하며 살아가기에 충분한 액수가 지급되지는 못하고 있고, 심지어는 2040년이 되면 그 기금이 고갈될 것이라는 예상이 나오고 있는 상황이기 때문이다.

지하철이나 버스 등 대중교통을 이용하다 보면 노인이 많이 늘어나고 있음을 실감하게 된다. 가끔 불편한 몸으로 일반석에 앉아 있다가, '눈치를 보면서(?)' 노약자석으로 옮겨가는 분들을 볼 수 있다. 그 분이 처음에 승차했을 때는 노약자석이 비어 있지 않았기 때문일 것이다. 때로는 젊은이들이 아예 노약자석을 차지하고 앉아, 노약자가 승차해도 본 체 만 체하는 경우도 자주 보게 된다.

아무튼 우리 사회에는 노약자를 위한 배려의 공간이 넉넉하지 않다. 안타까운 일이다. 가끔씩 성깔 있는 어르신이, 왜 젊은이가 노약자석을 차지하고 있느냐고 야단치는 장면을 보면 마음이 언짢다. 노인이나 환자, 혹은 약자에 대한 배려의 정신이 희박해지고 있다. 젊은이들의 어른이나 노인에 대한 공경심이 예전 같지 않은 것이 사실이다. 배려란 서로가 상대에게 베푸는 것이다. 배려하지 않는다고 야단칠 일은 아니다. 노약자석을 마련해 놓은 것은 배려이다. 혹 젊은이가 앉는다고 야단치는 것은 사리에 맞지 않다. 그 젊은이도 몸이 불편해서 앉았을지도 모를 일이다. 어쨌든 무조건 남을 위해 자리를 비워주지 않는다고 야단치는 것은 부당하다. 혜택을 받고자 하는 사람의 기준으로 혜택을 강요하는 일은 정당하다고 할 수 없다.

세상이 왜 이렇게 되었을까? 그것은 세상이 너무나 이해타산에 따라 움직이기 때문일 것이다. 서로에게 이익이 되지 않는 한, 선뜻 마음을 열지 않고, 자그마한 이익이라도 얻을 수 있다면 수단과 방법을 가리지 않는 세태는 계속될 것으로 보인다. 그에 따라 노약자를 보호해주는 공간은 그만큼 좁아져만 갈 것이다.

이제는 효의 이념을 구현하기 위해 양적인 면과 질적인 면 모두에 대한 관심이 요구된다. 2007년에 '효도법'이 국회에서 통과되었다. 또한 노인요양보험을 시행하여 인생의 최후를 요양원에서 보낼 수 있는 최소한의 여건을 마련하려고 국가에서 노력하고는 있지만, 장기적인 대책은 아닌 것 같다. 국가는 노약자를 배려하고 있다는 생색내기 수준이 아니라 실질적인 혜택이 주어지는 정책을 시행해야 하고, 민간단체나 시민운동 단체가 벌이는 이른바 '노인 업어주기' 운동이 계속적으로 이루어져야 할 것 같다.

질적인 면에서 공자가 말한 '공경의 효'·'색난의 효'가 더더욱 중요하겠거니와, 오늘날의 우리 실정에 맞게 '효도의 질'을 높여 나가야 할 것이다. 노인의 용돈 문제·섹스 문제를 비롯하여, '문화생활'의 인프라가 젊은 사람들과 똑같은 수준이 되어야 한다는 사회적 인식이 필요하다.

아주 우스운 이야기로 들릴지 모르지만, 옛날에는 '혼정신성(昏定晨省 : 저녁에는 잠자리를 살펴 드리고, 아침에는 문안인사를 드린다는 뜻, 즉 자식이 아침저녁으로 부모에게 안부를 묻고 보살피는 것을 말함)'이라 했지만, 이제는 '혼정'만 해야 한다. 아니 부모님 침실에 함부로 침입하지 말아야 한다. 홀로된 부모가 자식한테 "장가 좀 보내줘라." 혹은 "시집 좀 가게 해다오."라고 하소연하는 것을 이상하게 여기지 않는 인식의 전환이 요구된다.

미국의 저명한 사회학자인 에리히 프롬(Erich Fromm, 1900~1980년)의 저서인 『사랑의 기술(The art of loving)』에 의하면, 인간은 한 몸이었던 어머니의 품을 떠난 후부터 다시 하나(Oneness)가 되기 위해

부단히 노력한다. 독립된 외로운 존재로부터 벗어나 다시 서로 하나가 되기 위해서이다. 이를테면 아프리카인이 훌라춤을 추는 것도 하나 되지 못한 데서 기인한 외로움의 해소 과정이라고 그는 이해한다. 이렇듯 인생 자체가 외로움과 고뇌로부터 벗어나기 위한 과정일지도 모른다.

이러한 어려움에 처한 인간 세상을 유학에서는 '난세(亂世)'라고 표현한다. 우리가 대동사회를 꿈꾸는 것도, 이 사회가 그 만큼 권모술수가 난무하고 노약자와 같은 사람들이 무정하게 버려지는 사회라는 사실의 반증이다.

특히 어린 시절 자조(自助) 능력이 없는(helpless) 우리에게 '조건 없는(unconditional)' 사랑을 베풀어 주신 부모님을 비롯한 어른들이 세월이 흘러 의지할 곳 없는 상태(helpless)가 되었을 때, 만약 방치되거나 무관심의 대상이 된다면, '비인륜적'이라고 성토할 것이다.

인생에서 영원한 것은 없다. 오늘 건강하더라도 내일 노약자가 되는 일은 필연이요, 자연의 섭리이다. 따라서 무능력의 능력을 가진 자들은 늘 있기 마련인데, 늙은 어버이를 포함한 그들의 복지 문제를 국가나 사회가 해결하지 않으면 안 된다. 유교의 효는 더크 보드(Derk Bodde, 1908~2003년)가 지적한 대로 그룹보험(Group Insurance)의 역할을 수행할 수 있다는 점에서 최소한의 사회 안전망으로 기능할 수 있을 것이다.

5. 입으로 외치는 효, 행동으로 실천하는 효

효는 사실 이론의 문제가 아니다. 실천할 때 비로소 의미가 있는 것이다. 효를 실천하는 문제에는 기술적 접근이 필요하다. 현대를 사는 한국인은 이미 명목상의 '효'에 대해서는 피로감을 느끼는 단계에 와 있다. 그렇게 된 데에는 '효'에 대한 일련의 학습효과가 있었기 때문이다. 당초 '충(忠)'도 그 의미가 '나를 다하는' 더 없이 좋은 '진실'과 같은 것이었지만, 이것도 별로 좋아하지 않는다. 특히 4, 50대 연령층에게는 더욱 좋지 않은 느낌으로 다가갈 것이다.

특히 효도와 더불어 일컫는 '충효'는 1960, 70년대의 배고픈 시절에 겪었던 추억을 떠올리게 한다. 권위주의 정권에 의해, 학교 교육은 물론 관변단체와 언론 매체를 통해 금과옥조처럼 떠들어대고, 육교 난간이나 현수막을 통해 도배하듯이 했던 것이 바로 이 '충효'였기 때문이다. 공과(功過)의 양면성을 지닌 근대성을 성취하는 과정에서, 그것이 국가 중심주의를 위한 도구로 이용되었다는 주장도 있다. 본질은 차치하고 효는 구시대의 가치관이라는 잘못된 인식이 적지 않게 만연되어 있다.

따라서 '효' 실천운동은 그 본래적 의미에 투철해야 한다. 효 실천의 주체들, 즉 상대적으로 젊은 계층에게 효는 현실적으로 무엇을 의미하는지 지속적으로 연구되어야 하며, 단순히 그 접근법이 연역적

이거나 선언적이어서는 오늘날과 같은 사이버 시대에 결코 바람직하지 않다.

'효'라는 소리는 작게, '효'의 내용에 대한 개발이나 그 실천은 분명하게 해야 실효를 거둘 수 있다. 사실 효의 실천은 모두가 더불어 참여해야 하는 것이고, 또한 가장 아름다운 배려 가운데 첫 번째이기 때문에 궁극적으로 성공하게 되어 있다. 잔잔하게 물 흐르듯이 하면서 따뜻한 모습이 증명되면, 그 다음에는 자연스럽게 정착될 것이다. 『명심보감』「성심편」에는 이런 말이 있다.

"보화는 쓰면 다함이 있고, 충성과 효성은 누려도 다함이 없다."

이른바 베이비부머 세대인 필자는 '충성'이라는 구호를 참으로 많이 들으면서 살았다. 한국의 근대 이행기인 1960년대의 암울한 군사 독재정권 시기에는 그 외침이 더욱 컸다. 그런 '충성'은 잘못된 것이다. 독재 정권을 이념적으로 옹호하기 위한 구호에 그친 측면이 강하기 때문이다.

그렇지만 유교의 본원적 가르침인 이 '충성'이라는 말은 원래 '나의 역량을 다하는 것과 정성'을 뜻한다. 특히 '충'은 '내 마음속'의 진실이다. 정성은 부모님의 자식에 대한 사랑에 담겨 있는 '애틋함'과 같은 것이다. '충성'은 '내 마음속의 진실과 정성'을 가리킨다. 이 '충성'

으로 어떤 일을 한다면, 그 결과는 반드시 성공으로 이어질 것이다.

보물과 같은 재화는 언젠가 동이 나지만, 우리의 내면에서 발현되는 진실과 정성 및 효성은 아무리 써도 다함이 없다. 좋은 세상을 만들기 위해서 무한한 힘을 발휘할 수 있는 것이다. 또한 효는 아무리 더해져도 모자라는 것이고, 그 유용성 또한 아무리 누려도 끝이 없는 것이다.

오늘날의 한국 상황을 비추어볼 때, 효의 실천은 참으로 필요하다. 그로 말미암아 배려가 자연스럽게 베풀어지는 새로운 단계가 또한 절실히 요구된다. 사람들은 지나치게 물질을 따지고, 자신에게 이익이 되지 않으면 거들떠보지 않는다. 진정한 효의 실천을 통해 안으로는 우리 집이 편안하고, 밖으로는 약자를 살려내야 한다. 그리하여 사회 구성원 모두가 물질적으로 뿐만 아니라 정신적으로도 즐겁게 살 수 있어야 한다.

6. 마음에서 우러나오는 사랑과 존경이 담긴 효

사람은 이 세상에 태어나면서부터 사람과 사물에 둘러싸여 살게 된다. 물론 맨 처음 만나는 것은 어머니의 젖꼭지일 것이다. 그후 부모님의 얼굴을 알아보게 되고, 형제와 어울려 지내게 되며, 시간과 장소가 변함에 따라 친척·이웃 사람·국민 나아가 지구촌의 모든 사람들과 더불어 살게 된다.

또 반드시 내 몸이 가는 곳에는 사물 곧 물건이 있고, 일이 뒤따르게 된다. 물건으로는 음식물·문방구·컴퓨터 등 무수히 많은 것들이 있고, 일에는 공부·사업·장사·노동 등이 있다.

그러면 사람을 만나고, 사물을 대하고, 일을 처리할 때 어떻게 해야 할까? 한마디로 잘 처리하면 성공하고 잘못 처리하면 실패할 것이다. 이는 우리가 어떻게 하느냐에 달려 있는 것이지, 우연히 잘 처리되는 경우는 없다. 우리는 '경'보다는 '공경'이라는 말에 더 익숙하다. '공경'에서의 '공'은 사람과 사물을 대하는 나의 공손한 태도이고, '경'은 상대를 조심스럽게 우러러보는 것이다. 그런 태도를 실천하기 위해서는 우선 마음을 한 곳에 모아야 한다. 항상 사물에 대해서는 미리 고민하고 걱정하는 준비 과정이 필요하다. 일이 다 끝난 상태에서 그 결과를 가지고 걱정할 것이 아니라, 어떤 일을 시작하기 전에 매우 신중하게 자만하지 말고 준비하는 것은, 이 세상의 모든 것을 우리의 것으로 만들 수 있는 전제이다.

만약 늙으신 부모나 조부모를 공경하는 마음으로 모시지 않는다면 어떻게 될까? 또 만약 공장에서 물건을 만드는 일꾼들이 마음을 집중하지 않고 작업에 임한다면 어떻게 될까? 그들은 고통을 겪다가 비참하게 세상을 떠날지도 모르고, 제품은 불량품이 많아 손실을 초래할 것이다. 우리가 하는 공부도 마찬가지다. 딴생각을 하느라 몰입

하지 못하고서 하는 공부와 마음을 집중하여 하는 공부의 결과는 큰 차이가 날 것이다.

이와 같이 우리가 살아가는 과정에서 취할 수 있는 태도로서 공경·존경·조심·집중·신중·정성·준비·고민 등은 '경'이고, 그런 마음 자세로 임하면 어떤 일이든 이룰 수 있다. 즉 나를 완성된 사람으로 만들 수 있고, 남도 훌륭하게 할 수 있으며, 사물을 완벽하게 하고, 일을 훌륭하게 해낼 수 있을 것이다.

'인, 효 그리고 경'은 인간의 길을 묻는 유학의 본질이요, 핵심적 주제이다. 사람이 집 안에서 뿐만 아니라 바깥에서 맺는 '관계'의 일관성이 세상을 살리는 것이라고 공자는 보았다. 그것을 잘하는 사람이 '군자'이고, 그 사람이 바로 세상의 리더가 되기를 바랐다. 따라서 군자는 일차적으로 자기의 리더십에 강한 사람이다. '인, 효 그리고 경'을 통해 자기 완성을 이룬 후에 세상을 경륜하는 사람이 바로 군자이다.

또한 군자는 정치 지도자이기도 하다. 정치 지도자는 세상을 바르게 하는 사람이다. 자기가 바르게 된 후에 잘못된 세상을 바르게 하는 것이 군자의 임무이다. 따라서 군자가 지고 가야 할 짐은 무겁고, 갈 길은 사실 멀다. 이런 점에서 우리 시대에 진정한 정치가는 없다.

일정 부분 자기 희생이 뒤따르는 것이 군자의 길이다. 살신성인을 요구하는 것이 유학의 길이자 군자가 걸어야 할 먼 여정이다. 그런 의미에서 증삼(曾參)은 "임중이도원(任重而道遠 : 져야 할 짐-임무-은 무겁고 가야 할 길은 멀다.)"[『논어』 「태백」]이라고 하지 않았던가! '인, 효 그리고 경'은 다름 아니라 바로 이런 길이다.

문제는 시의성이다. 시·공간적 조건에 맞는 논의를 진행해야 한다. '인, 효 그리고 경'이 이 시대에 어떻게 유용한 작용력이나 기능으로 다가올 수 있을까를 고민해야 한다. '시중지도(時中之道 : 시간적 조건에 완전히 부합하는 길)'를 문제 삼는 유학의 궁극 목표에 어울리지 않게, 자칫 '구호'로만 '강상(綱常 : 삼강오륜)'의 윤리나 외쳐대어 전제주의 또는 독재정권의 통치수단이 되고 만 역사적 경험을 되새기지 않으면 안 된다.

특히 우리가 살고 있는 21세기를 휩쓸고 있는 극심한 신자유주의 시대에, 1등이 아니면 설 자리가 없는 이때에, '인, 효 그리고 경'이 어떤 의미를 갖는지 살펴보아야 한다. 근대성, 곧 돈의 메커니즘이 만연한 사회에서 능률주의나 효율주의가 판치고, 모든 영역에서 1등이 아니면 살아남을 '길'이 없다. 여기에서 도덕이나 윤리가 먹혀들 공간은 더욱 좁다. 그만큼 나를 삭막하게 만들고 타자를 힘들게 하는 '막힘 현상'만이 있을 뿐이다.

'인, 효 그리고 경'은 그 같은 병폐를 성찰할 수 있는 여백을 우리에게 제공할 것이다. 초효율주의에 맞설 우리의 내면은 어떠해야 하는지에 대한 지혜를 줄 것이다. 특히 '경'의 의미를 눈여겨볼 때 세상을 보는 안목이 더욱 치밀해질 것이다. 빈틈없는 자기 리더십이 요구되는 시대에, '경'이야말로 타자·상대·대상·남에 대하여 세심하게 고려하거나 배려하는 미덕으로 기능할 수 있다. '경'에 담긴 의미를 살려, 만나는 현안에 대하여 완벽을 추구하고 유비무환 그리고 우환

의식의 태도를 견지하는 것은 우리의 좋은 미래를 위하여 훌륭한 대비책이 되고도 남을 수 있다.

우리 시대야말로, 역설적으로 말하면 오히려 도덕적이고 윤리적인 관계성의 공간을 넓혀야 한다. 그 공간의 확보를 위해 '인, 효 그리고 경'은 더욱 필요할 수 있다. 그것들을 통해 사물에 대한 인간적 성찰을 보태야 한다.

재물이 땅에 떨어지는 것을 싫어하지만, 그렇다고 결코 내 호주머니에 넣지 않는 대동론적 공공성(公共性)을 성취하고, 우리 집 노인을 편안하게 보살피지 않으면 안 된다는 노약자 보호 정신을 전 세상으로 확대하며, '물질성'이 모든 것의 선생이 되는 시대에 '물질문명의 메커니즘'에서 살아남는 지혜뿐만 아니라, 이익 추구의 기준도 함께 마련하는, 유학 본연의 지향점을 필자는 이 책에 담고 싶었다.

2013년 7월

저자 삼가 쓰다.